INNER BRANDING

共感され選ばれる企業へ

インナーブランディングのすすめ

鈴木 誠一郎

ビジネス教育出版社

はじめに

「インナーブランディング？　なんのことだろう？　よく耳にするブランディングといっている内容とは違うのだろうか？」

それは、初めてインナーブランディングに触れた2010年のことでした。当時転職したコンサルティング会社が生業にしていた分野だったのです。

「社員に『理念』や『企業ブランドの目指す姿』が**伝わり**、一人ひとりがその内容に**共感し**、自発的にお客様への価値提供に向けて**行動する**。その行動を支援するための全ての活動のこと。」という定義を知り、「これって面白いかも」という感想を直感的に抱きました。

それまで、システムエンジニアや営業、システムコンサルタントと、主にIT畑を歩んできた私は、耳にしたことの無い言葉でした。

徹底的に「人」に焦点を当てるインナーブランディングについて、知れば知るほど見えてくるものがあったのですが、それが明確になったのは、それから約8年後のこと。起業をし「中堅中小企業向けのインナーブランディングを自分の仕事にする」と決めた時のことでした。

「これが企業経営の本質なのではないか？」と自分の中で結論づけられたのです。

これまでの職歴において、ツールやシステムありきで業務を構築するやり方に常に疑問を抱き、肌に合わず職を変わることもあったのですが、お客様の本当の発展のために必要なことって何なのだろうと自問自答を繰り返した、その答えがインナーブランディングにあったのです。そして熟考した結果、インナーブランディングは「自社の従業員を自社のファンにする」という定義にたどり着いたのです。

どんな研修も、表彰も、ITツールも、心理的安全性施策も十分に機能せず、「やっただけ」で終わることは、多くの企業が経験しているはずです。なぜか？「定着の文化がない」ひいては従業員が、自分が所属する企業のファンでないからだと、私は強く思うのです。自社の従業員が自社のファンであること、それは人が活きる企業経営の基礎基盤であり、一丸となって企業理念を体現するための必要十分条件であり、全社戦略のベースになるもの、企業経営の本質なのだと、強く思うのです。

本書は、インナーブランディングについて多くの経営者、経営陣の皆様に知っていただき、実践のきっかけにしていただくために書きました。どこから読んでいただいても良いように、同じことを敢えて何度も記しています。重要なことであり、心に刷り込んでいただきたいという意図もあります。

ここでインナーブランディングの定義、目的を予め記しておきましょう。これがとても重要なのです。


【定義】

自社の従業員を自社のファンにし、さらにファンを増やしていくためのすべての活動（そのために理念浸透や文化醸成を図ります）

【目的】
・小目的…自社の従業員を自社のファンにすること
・中目的…無形資産（人、文化）の価値向上
・最終（大）目的…永続的な業績向上の基盤構築

インナーブランディングは、社内のあらゆる戦略のベースとなる経営戦略ともいえます。

まだ取り組まれていない経営者の方には、是非そのインパクトを感じていただき、今すぐにでもインナーブランディングを始めていただけたら幸いです。

鈴木誠一郎

第１章

「共感」を味方にすると ファンが増える

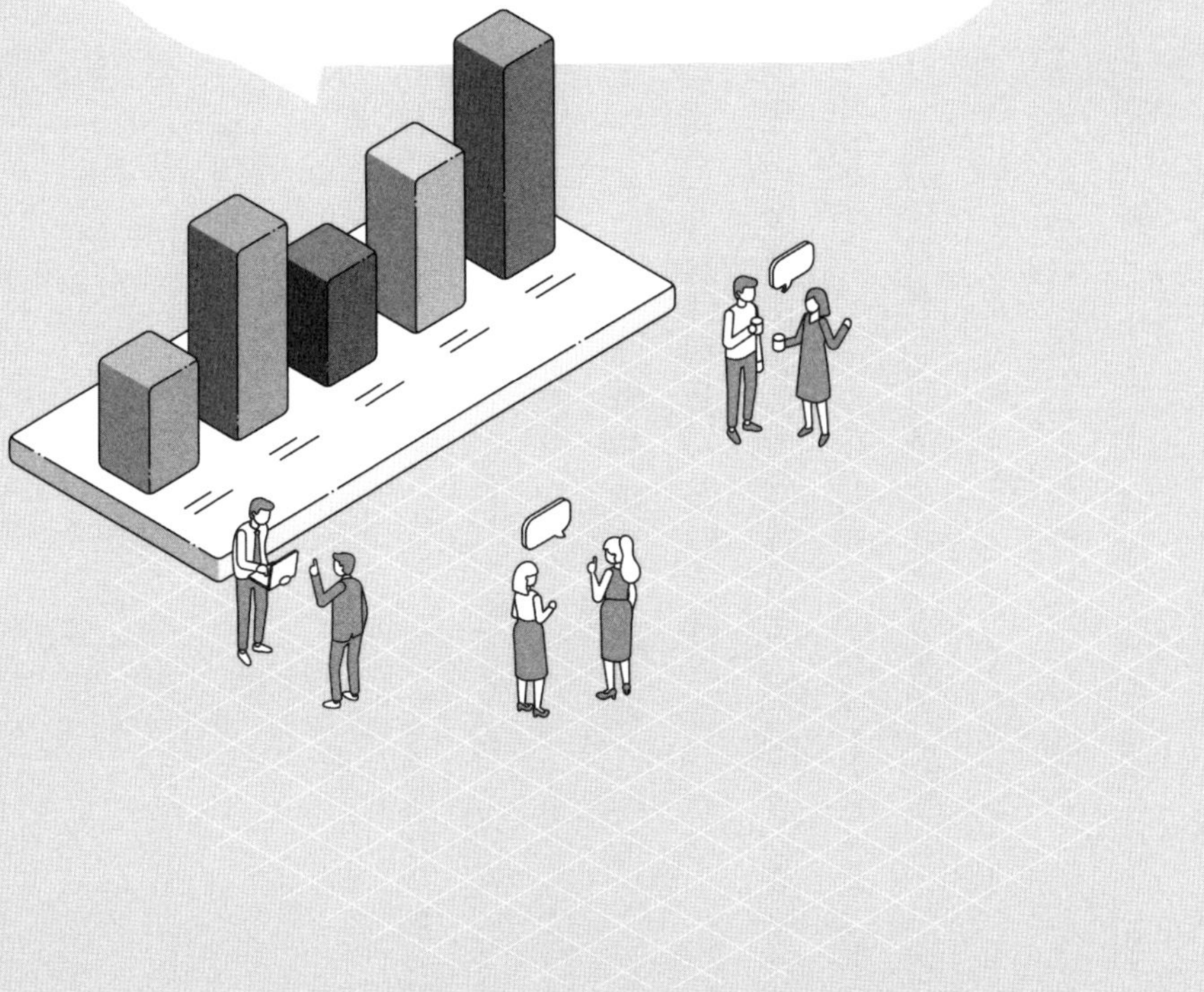

共感の時代

西洋占星術の世界では「200年続いた土の時代は終わりを告げ、風の時代[※]に入った」といわれています（2020年12月22日がその始まり）。今回は220年ぶりの変化だそうです。土の時代は産業革命の頃に始まり、日本で言えば正に高度経済成長期も土の時代に含まれます。「作れば売れた」「作り続けていれば、生活も保障された」「会社という船に乗っていれば安心だ」という時代です。

目に見えるものが全て。カタチがあるものを所有していることが豊かさであり、カタチあるものにこそ価値がある。つまり「保有」が重視された。そんな時代でした。

私もこどもの頃は、家の中に少しずつ増えていく家電製品や車に、ワクワクしたものです。カタチあるモノが、新たな体験をもたらしてくれたからです。もちろん今でも、見たことのないモノに触れ、使ってみた時には、「なんだ、コレ！　面白い!!」といった感覚を覚えます。嬉しくなります。最近では、そこからじっくりと「コレ、どんなきっかけで作られたのかな」「誰が発想したんだろう」「出来上がるまでにはどういう苦労があったのか」などと想いを巡らせるのです。

皆様もそういった経験はありませんか？　そうなんです！　そこなんです！

「製品そのもの」よりも、その製品が思い付かれ世に出るまでのストーリー（背景と言っても良いでしょう）にとても興味が湧きます。そしてそのストーリーに影響を受け、結果的にその製品を選び手にとっています。そのサービスを選び利用しています。

最近では、企業経営者やマーケティング担当者、開発責任者が出演し、製品ができるまでの秘話を公開するコンテンツも増えています。注目の中小企業を、製品やサービスだけでなく働いている人を含めて紹介するものもあります。皆さんもそのようなコンテンツを、一度はご覧になったことがあるのではないでしょうか？　そしてその企業自体に興味を惹かれ、その後は他社の類似商品には目もくれずその会社のものを

［※］
「風の時代」については「「風の時代」に自分を最適化する方法」（ｙｕｊｉ著、講談社）をご参照ください。

選ぶようになります。

これが「共感」です。「それ、わかるわかる!」「そんな失敗があって、製品化に至ったんだ」「作った人の気持ちに寄り添って、一度使ってみよう」など、そこにはあなたの心を動かす「共感」が存在します。

共感を覚えたら、その「モノ」や「コト(サービスなど)」に対して使い続けたり、見続けたり、のめり込んだり、さらには友人知人に紹介したりしますよね。

「共感」は、かなり大きなチカラになります。

そして、ストーリーには人を動かす共感要素が多分に含まれています。人が一生懸命に真剣に取り組んだことについては、上手く行ったこともそうでないことも、すべてが共感要素となり得ます。

今、目に見えるもの、目に見える有形なものよりも、目に見えない無形のものが大きく注目されています。それは、世の中が意図していることなのか、そうではないのかは知る由もないのですが、誰もが「カタチのないもの」に注目しています。価値あるものが画一化していた「保有」の時代にはあまり表に出てこなかった概念である「ワタシは何に価値を置くのか」という疑問を一人ひとりが自分自身に問いかけている時代といえるでしょう（まさにそれが「風の時代」の特徴といえそうです）。

企業を取り巻く環境にも変化が発生しています。日本ではまだまだ認知度も低いですが、世界では「ＥＳＧ投資」「ＥＳＧ経営」という言葉が一般化しています。よくＳＤＧｓと間違われるのですが、異なるものです（各々の根底にある考え方は似ていますが）。

「ＥＳＧ」とは、環境（Environment）、社会（Social）、ガバナンス（Governance）の頭文字を取って作られた言葉です。投資家はこの三つの観点から企業を分析して投資先を決め、経営者はＥＳＧが実践できているかを重要な経営課題として認識しています。

財務情報ではないにも関わらず、投資家が投資判断の基準に用いているのです。これは、ＥＳＧ対応が企業の未来において極めて重要であることを示唆しています。

財務は企業活動の「結果」です。もちろん重要な情報です。一方、「過去も大切だけど、もっと大切なのは未来では？」という考え方からＥＳＧが広まっているのではないでしょうか。その未来の戦略や見えにくい企業価値、事業活動に如何に「共感」「賛同」できるか。もはや投資の世界ですら「共感」が大きな意志決定要素になっているのです。

これからの時代、もはや「共感」を紡ぎだせない企業は、規模の大小を問わず、生き残っていけないのかも知れません。

SNSがすごい

ＳＮＳ（Social Networking Service）という言葉を初めて耳にしたのは、20年ほど前でした。当時勤めていたコンサルティングファームでの飲み会時、結構酔っ払った状態のエグゼクティブセールスの方が、喜々として「これはね、今からの時代に必要だよ！　ＳＮＳが来るよ！」と話されていたのです。新しい技術やＩＴサービスには敏感な方でした。

まだリアルコミュニケーションが全盛の時期（Eメールはありましたが）、正直「いやー、果たして流行るのだろうか⁇」と疑問を抱きました。ITに携わる仕事をしていたにも関わらず、なんともお粗末ですが、多くのビジネスパーソンも同様の感想を持っている時代でした。現在では、通信技術の急速な発展もあり、プライベートのみならずビジネスの現場においてコミュニケーションプラットフォーム、コミュニケーションインフラともいえるほどの地位を確立しています。

私が当時主宰していた異業種交流会は、約300人が毎回入れ代わり立ち代わりで参加してくださっていた「リアル」な集まりでした。開催案内や参加意志の確認、その他連絡については、Eメールと電話を使用していましたが、SNSを活用していたら、もっと効果的効率的に発信や人集めができたかも知れません。いや、できたでしょう。

今やSNSは、老若男女問わずツールを問わず多くの人が使っています。自分の意見や日常のこと、新製品を使った感想などを、文字や写真・動画で表現、発信できます。読んだ人、視た人が「共感」をすれば、フォローしたり友達になったり、よりつながりの濃いコミュニケーションへと発展していきます。しかもその発信内容は、日本全国のみならず全世界に届けることができます。

また、企業が外部への販売プロモーションで使用したり、ターゲット層との接点を作ったりと、使い方もつながり方もまだまだ可能性は無限に広がっています（きっと読者の皆様の方が使い方に長けておられるかと思いますが）。

またご存知のとおりＳＮＳは、企業内でも使われています。「社内ＳＮＳ」という呼称で専用のシステムが開発販売され、社内コミュニケーションツールとして認知されています。通常の業務連絡や社内広報に利用するだけでなく、経営者のメッセージを動画で配信したり、緊急性の高い内容の連絡や報告に使ったり、ミーティングの議事録を掲示したり、社内の部活動や個人の活動を社内に開示し部門を超えたつながりを創出したりと、会社内での用途は広がっています。

特にリアルが制限されたコロナ禍においては、そのチカラが発揮されました。世界中に発信するSNSも社内向けのSNSも規模の差こそあれ、活用することによって個人の意見や考え方に触れる機会も増えることになります。つまりそれぞれが自分の意見や考え方を振り返ったり、まとめたりする機会も同時に増えています。何を大切にして生きるのか、自分はどうなりたいのか、自分はどうありたいのかなどを言葉にして発信をすると、「あ、自分も同じように思う！」「そうそう！　その考え、共感しかない！」というように、賛同者も出てきます。この共感が企業にとっても強力なパワーとなります。

想いがカタチに。そしてそれが誰かの想いになる

誰かの意見や考え（これを本書では「想い」と呼びます）に「共感」する人が増えると、共感の対象となる人を中心にした集団ができるようになります。それが「コミュニティ」の卵です。

その卵は、その後コミュニティとなりイベントを開催したり、SNSを使って外部に活動情報を発信したりします。そしてさらに潜在的に存在している「共感者候補」の人々にアプローチをし、仲間を増やしていきます。

増えた仲間は、共感している「想い」について意味を変えずに、でも自分の言葉に乗せて広めます。共感する人を増やしたいと願うからです。

共感が共感を呼び、やがて大きなコミュニティになっていきます（実際はそのようにスムーズな話ではありませんが）。そうやって人の想いが人を呼びます。そして呼ばれた人の想いと連鎖していくのです。共感の連鎖が、つながりを創り、つながりを強くし、つながりを広げていきます。

この話は、個人的なことのように思いますが、組織にも当てはまります。

創業者の想いが会社を創り、その想いに共感した人が会社の門をたたき、入社する。そして創業者の想いを実現するべく、想いを広げる仕事をしていく。そして共感の輪を広げ、多くのつながりを創り広げていく。そして会社は成長する。全く同じことです。

インナーブランディングでは、この「共感の連鎖構造」をとても重視します。見えるものの大切さは比較的分かりやすいですが、一方で見えないものを大切にするには「信じるチカラ」が必要となります。共感が信じるチカラを呼び、そのつながりが価値を伝播させていきます。

そして、共感が起きることによりモチベーションも上がります。それは単に従業員のモチベーション向上に留まりません。お客様のモチベーションも取引先のモチベーションも上がっていきます。

共感が動機付け要因となるためです。一例として従業員にフォーカスしてみると、多くの企業が従業員のモチベーションを上げて仕事に集中してもらえるような策を講じ、実施しています。しかしいわゆる「外発的動機」[1]といわれる、外側からの働きかけ・刺激でモチベーションを上げることに頼りすぎてしまうと、その刺激がないと動

[1] **外発的動機**
行動の要因が評価・賞罰・強制などの人為的な刺激によるものであるという考え方

かなくなってしまいます。そして外発的動機は人によって反応する刺激が異なるため、従業員数が多いと、対応に大変な時間がかかり、費用対効果・効率面で良くありません（誤解のないようにいいますと、外発的動機付けももちろん大切なモチベーション向上の要素です）。

そこで、多くの教育者や研修会社、企業の人事部の方々は、より強力に「内発的動機」[2]を如何に引き出すかを研究しています。自らの意欲や意志で動く人材を育てようとしています。

私は、インナーブランディングによって「共感」を呼び起こし、それによって内発的動機を引き出すのが最も効果的であると考えています。

そもそも「ファン」って何？

皆さん、特定のアーティストやタレント、スポーツ選手、著名な経営者など、誰かしらの「ファン」なのではないでしょうか。対象がミュージシャンであれば、新曲が出るとCDを買い、配信版のダウンロードもする。

さらに熱狂的なファンになると、そのミュージシャンの恰好や髪型を真似るだけでなく、同じものを持ち、言葉遣いや考え方をも真似ることがあります。「その人のようになりたい」という気持ちがそうさせます。

特定の企業やプロダクトなどのファンという方もおられるでしょう。その企業の製品や取り扱っている商品、サービスやシステムなどを好んで購入する方々です。メディアなどでも目立っているのは、Apple社のファン層です。Apple信者などともいわれていますが、スマホはiPhone、タブレットはiPad、パソコンはMacbook Air、時計はApple Watchといった具合です。皆さんの周りにもいらっしゃるのではないでしょうか。

［2］
内発的動機
行動要因が内面に湧き起こった興味・関心や意欲によるものであるという考え方

なぜそこまで熱狂的に一つの会社の製品を買い続け使い続けるのでしょうか。それはその会社が何のために作られたのか、創業者がどんな使命をもって、どんな思いで歩を進めてきたのかを理解し、そのストーリーに心から共感しているためです。Apple社の創業者であるスティーブ・ジョブズ氏は、iPhoneの中の配線までも美しくあるべきと考えていました。その細部へのこだわりと、人真似ではなく自社で市場を切り開いていこうとする心意気に心奪われ、多くの人がApple社に強い共感を示しています。彼らは良い時だけではなく、業績が落ち込んで、たとえ倒産がささやかれる時でも、Apple社を応援することでしょう。

ここでファンについてみてみましょう。弊社ではファンを次のように定義しています。

「理念に賛同し、どんな時でもその会社に寄り添う共感者」

次の二つのエピソードは有名ですが、この定義を腑に落とす意味でも確認していきましょう。

プロ野球の阪神ファンは「本当のファンはな、阪神が大変な時こそ、見離さんと応援するもんや。愛や愛！」と言います。勝っている時はもちろん、低迷が続いても応援を止めない、むしろ勝っている時以上に応援するそうです。

また、ミュージシャンのＧＡＣＫＴさんがその著書「ＧＡＣＫＴの勝ち方（ＧＡＣＫＴ著、サンクチュアリ出版）」で、稼ぎ方のひとつの答えとして「サポーターをつくろう。まずは50人つくる。そう決めた」と書かれています。「ささやかでも【本気でＧＡＣＫＴをサポートしたい】と思ってくれる女性、ボクはそんな彼女たちを【サポーター】と呼んだ」と。まだ駆け出しの頃のことです。実際、どんなときもそういう女性達がＧＡＣＫＴさんの活動を支えてきました。

この二つのエピソードは、表現する言葉は違うものの、意味するところは同じではないでしょうか。

それは対象が「会社」であっても同じです。

その会社に入社したのは、たまたま求人広告が出ていたのを目にしたからかも知れませんし、勤務地が自宅から近かったからかも知れません。そこで働く目的は、生きるためかも知れませんし、お金を貯めてやりたいことを実現するためかも知れません。

しかし、入社の理由はどうあれ、入社してからでもその会社のファンになることができれば、「会社を守りたい」「会社を盛り上げたい」「取り扱っている製品・商品・サービスをもっと世の中に広めたい」などの想いが湧いてきます。そういう想いの従業員がいれば、そして増えていけば、会社がどうなっていくか想像してみてください。従業員は自立・自律し、社内で起きることを自分ゴトとして捉えられるようになり、同じ方向を向けるようになり、一丸となって前に進めるようになります。

会社のファンになることが、会社を動かす大きなチカラになるのです。このチカラは小手先のテクニックでは得られない「無形資産」なのです。

他方、従業員がファンになれない場合、従業員が向かう方向はバラバラになってしまいます。そもそも会社は仲良しの集まりではないので、コミュニケーションも必要最低限になり連携は取れず新しいアイディアは生まれず、日々淡々と昨日と同じことを繰り返すだけになってしまいます。

会社への愛着がないと、人は入ってもすぐ辞めてしまうでしょう。あなたの会社も入っては辞めの繰り返しになっていませんか？ もちろん業績も振るいません。「共感」を得られない組織は、つぶれはしないかも知れませんが、イノベーションが起こりません。少なくとも私が過去に見てきた従業員から「共感」を得られない会社の多くは、壁を突き破るエネルギーがありませんでした。

繰り返しになりますが、会社が向かう方向や、創業者の考え方に従業員が賛同し、共感することは大きなエネルギーになります。「一丸」は、強力な事業推進の実行力となり、難局をも乗り越えて成長発展していきます。それは決して絵空事ではなく、現実にある話なのです。しかも、大資本だから実現するというわけではなく、優秀と言われる人材が数多く所属しているから実現するというわけでもありません。

その会社の経営者と社員が、意識と行動を同じ方向に向かわせているか。それがすべてなのです。

如何にして従業員の共感を呼び、「ファン」化し、さらにファン（入社希望者・顧客）を増やしていくか。社内にファンが増えればそれが社外にも影響を及ぼします。

好きなミュージシャンやアーティスト、化粧品や漫画、映画、スポーツ、書籍、ゲームなど、自分が好きで良いと思うものは、誰かに薦めたいと思いませんか？　会社は例外ですか？　同じではないでしょうか。入社の経緯・動機や働く目的はどうであっても、共感できる理念が存在し「いいな、ウチの会社」と少しでも思えれば、仕事と向き合う時の心持ちが良くなるのではないでしょうか。転職したいと話す友人がいれば、自分の会社を紹介することもあるかもしれません。大学の後輩のOB・OG訪問でも自信をもって「いい会社だから、受けてみなよ」と言えるはずです。

普段は恥ずかしい気持ちも手伝って「ウチっていい会社だな」「入社する時はそうでもなかったけど、今は好き」などの言葉はなかなか口にしないかも知れませんが、その気持ちにどうか誇りを持っていただきたいと強く思います。

以前、某金融関連会社にてインナーブランディングの研修を依頼いただいたとき、終了後、受講された方々に感想をたずねたところ、「この会社に勤めて長いですが、社内のことや仕事について『好き』とか『ファン』『楽しい』という言葉は使っちゃいけないと思っていました」という声を、多くの方からいただきました。私は驚きを隠せませんでした。何がその方々をそのような心持ちにさせたのでしょうか。「仕事は苦しいもの」「仕事はつらいもの」という教育や指導を、ずっと受けてこられたのかも知れません。もちろん仕事は決して楽ではありません。厳しいシーンの方がむしろ多いかも知れません。しかし、「楽しい」「好き」を言ってはいけないということはありません。会社にとってはそれなりに業績が上がっていれば、それで良しなのかも知れません。ただ、私はとてももったいないと考えています。

どんな人も、楽しいと思うものにはチカラも気持ちも時間もお金も注ぎ込みます。場合によっては寝食を忘れることもあるでしょう。だからこそ上達したり、より楽しくなったり、極めたりが実現します。これは何も趣味などの世界の話だけではありません。仕事の世界でも同じです。やっていて充実感のある時、やってやろうと思う時、集中しますよね？　チカラ入れますよね？　それは「やりがい」につながっていませんか？

結果、振り返ってみると「楽しい」「この会社で働いて良かった」という言葉になっていくのではないかと考えています。

では、勤めている会社について「ファンだ」と言えるようになるには、どうすれば良いのでしょうか？

どうすれば共感者を増やすことができるのでしょうか？　それは、どれだけ時間のかかることなのでしょうか？

ファンになる心理

「あ、好きだな」「なんとなく気になる」「特に興味はないけど、まあ見てみるか」

など、きっかけは様々です。ファンになる過程は、

① 見てみる
② 触れてみる
③ 考えてみる
④ 次第に惹かれていく
⑤ のめり込んでいく

というプロセスを踏み、徐々にもしくは一気にファン化していきます。
どんなプロセスで、対象になる人やモノやコトのファンになっていったか確認していきましょう。

私はヘヴィメタルのファンですが、次のようなプロセスで大好きになっていきました。

① 見てみる

私が小学生の頃、母が近所に住む先生にクラシックギターを習っていたこともあり、音楽は自分で奏でるものという認識があり、身近な存在でした。

母が家で練習している姿も見ており、音楽のファンになる基盤はこの頃から徐々に作られていきました。

父方の祖父が音楽教師だったことも、音楽を意識するきっかけになったと思います。

② 触れてみる

私が中学2年の頃、母は習っていたギターを辞めることになり、「誠一郎、ギターもったいないけんやってみんね」との母の言葉から、たまたまその話をした同級生と共にクラシックギターを習い始めました。しかし一年ほど経った時のことです。当時、長渕剛やチャゲ&飛鳥、オフコースといったアーティストが台頭し、ニューミュージックと言われるジャンルが大流行している時期でした。その影響を強く受け、クラシックギターを置き、お小遣いを貯めて中古のフォークギターを購入し独学で練習を始めました。

③　考えてみる

高校1年の夏頃、たまたまラジオでアメリカのハードロックバンド「Night Ranger（ナイト・レンジャー）」の（You Can Still）Rock in Americaという曲が流れていたのを耳にしました。ものすごい衝撃を受けました。この頃はオシャレな洋楽が流行していた時代で、私もフォークギターでオシャレな音楽を弾きたいなと思っていましたが、この一曲をきっかけに、流行ではなく自分の心に刺さる音楽は何かを考えるようになりました。流行に流されているだけでなく、やりたい音楽聴きたい音楽を主体的に探し始めました。

④　次第に惹かれていく

もうラジオの番組名は忘れてしまいましたが、ハードロックバンド中心の、曲の背景や作り手の気持ちとともに曲を流すその番組にハマり、ヘヴィメタルに徐々に惹かれていきました。この頃には、日本のヘヴィメタルバンド「LOUDNESS」や「EARTH SHAKER」「VOW WOW」、海外のバンドでは「Night Ranger」はもとより、「QUEEN」「VAN HALEN」「MOTLY CRUE」などのレコードを借り（まだCDがポピュラーではなかった時代！）たり、ラジオ番組をエアチェック（放送を録音すること）したりしていました。

⑤ のめり込んでいく

④に書いたようなバンドの曲を聴くと、心が踊り始め、16ビートの歪んだギターの音に鼓動が早くなりました。すごく興奮しました。「僕がやるのはフォークギターではない！　エレキギターだ！」と思い、お小遣いとお年玉で、白いエレキギターを買ったんです。

「ヘヴィメタルは自己解放のための栄養素だ!!」とはずいぶん後になってから思うことなのですが、その頃も似たような感覚でした。インターネットもない時代ですし、弾きたい曲の楽譜もそんなに多く世に出ていない中、福岡の片田舎の高校生は、とにかく耳で聴いて楽曲をコピーしました。部活が終わり家に帰ってから毎日2〜3時間は弾いていたと記憶しています（当然勉強はそっちのけです）。

普段は、このような過程を意識することはないでしょう。「好き」や「心が動いた」時などに、知らず知らずのうちにファン化しているのです。

では、会社のファンになる要素とはどんなものなのでしょう？

高い給与でしょうか？　洗練されたオシャレなオフィスでしょうか？　成長できる環境でしょうか？

いずれもファンになる要素になり得るとは考えています。しかしそれらは「十分条件」でしかなく、他社に同じ条件がそろっていれば、何かのきっかけで転職をすることもあり得ます。

その答えを一つ挙げるならば、もう皆さんはお気づきかと思いますが、そう「共感」なのです。

「皆さんの会社の共感ポイントを、具体的に教えてください」

従業員の皆さんに問いかけてみてください。

どんな回答が出ましたか？

共感できるところは明確に見つかりましたか？

もし見つかったならば、インナーブランディングのプロセスのうち既に、50％は達成しているといえます。あとはその波を、うねりを、大きくしていくだけです。

そして、見つかった結果を経営者・従業員相互に伝えあってみてください。ここがピッタリ同じであれば、経営者の共感してほしい想いはしっかり従業員に伝わっていると考えられますし、従業員の皆さんも経営者の想いをしっかり受け取っているといえます。明確に伝え伝わることができていれば、信用[※]も生まれ、信頼[※]にも発展します。

一方、「会社に共感するってどういうことですか？」「よくわかりません」という答えしか集まらなかったら、貴社にはまだまだ「伸びしろ」があるということです。業績は頭打ちで横ばい、もしくはやや低下傾向にあるのではないでしょうか？　それは共感という武器を使いこなせていないからです。

コンサルティングよりコーチング（ファシリテーションも含む）

企業は自社の経営資源では解決できない問題に直面した時、しばしばコンサルタントを雇います。コンサルタントの仕事内容は業務フローや営業の仕組みの改善、情報システムの構築など多岐にわたり、場合によっては、実装や定着の支援を実施することもあります。私自身、過去には3社のコンサルティングファームに在籍し、まさに持っている知識や経験をもとに知恵を出し、「このようにすべきです」と企業の対象

［※］
信用…条件付きで信じること。　**信頼**…無条件に信じること。

部署の方々や経営者の方々に指導をさせていただいていました。
最初の転職でコンサルティングファームに籍を置き仕事を始めた当初（33歳）は、経営者や役員の方々の想いや意見、問題に如何に寄り添っていくかに頭と身体を使っていました。コンサルティングの仕事は思っていたより体力的にキツイものでした。経営陣を始め、何人もの従業員の方（会社や内容によっては、40～50人程度）にインタビューを行うところから始め、インタビューをもとにした現状分析を行い、経営者の方針に沿った「あるべき姿」を導き出し、昼夜休日問わずふらふらになりながら、それを100枚単位のレポートにまとめていました。

そして経営者に納得いただいたレポート通りの業務改善やシステム構築を進め、「さあ全社的にしっかり導入していこう！」と従業員の皆さんの前で説明を始めると、従業員の皆さんの表情が曇ってしまうことが多々ありました。「え？　インタビューの時はそんな表情じゃなかったよね⁇⁉」新規プロジェクトに携わるたびにそのギャップに驚いていました。「なんで？　どうして⁇　社内でしっかり合意とれているのではないの⁉」と混乱したものでした。話ができる従業員にそっと聴くと、「やれって言われてるから仕方ないんですよね」という回答が返ってきます。従業員は業務改善や情報システムの刷新に、本当は納得していないのです。経営者がやるというから仕方なく従っているだけだったのです。

そこでようやく気が付きました。「コンサルティングの仕事は、相手の要望をかなえたり、問題を解決したり、施策の指導さえすれば良いのではない。経営者の要望や抱えている問題について、従業員がどのように感じているか、その心情も捉えたうえで解決策についての知恵をしぼり、落とし込んでいく必要があるのだ」と。

このことに気づかずにいた私は、コンサルティングファームで仕事をしている自分に酔っていたのかもしれません。「馬鹿に付ける薬はない」と言いますが、まさに私のことでした。

それからは、「経営者の意志と現場の感情をどうやってつなぐか」に時間を割きました。当時既にプロのコーチとしても仕事をしていたことから、そのスキルを活かさない手はないと考え、インタビューも必要なことを聴き込みつつ、コーチング的アプローチで従業員のホンネを引き出すよう対話しました。

そうすると、プロジェクト遂行時、従業員の方々の中で協力してくださる雰囲気がだんだんと出てきました。

コーチングの成果が出始めました。どの仕事でも従業員の皆さんが心を開いてくださるようになったのです。


私は「経営陣と現場の温度差」を無視して仕事をしていました。それでは関わる全員がHAPPYにはなりません。

コンサルティングの仕事を通して、社内に「温度差」があることを明確に知りましたが、最初に就職した会社では、「温度差」という言葉で表現できるほど経営者や上層部のことを見ていませんでした（あまりに思考しなさすぎでした…）。

実はこれは「その会社の経営者と社員が、意識と行動を同じ方向に向かわせているか。それがすべてなのです」という前出の話と本質的には同じことを言っています。

そうであるなら、経営と現場の温度差はなぜ生まれるのか、どのようにしたら埋まるのかという疑問についても既に答えが出ているといえるでしょう。

それはやはり「共感」なのです。経営者がいかに従業員の共感を得るかです。そして従業員としては、経営が向かいたい方向に共感できているならば、新しいプロジェクトであっても新しいシステムの導入であっても、その方向に向かっている限り、100%ではないとしても共感できるはずです。

そして共感を得て同じ方向に向くために、当時から活用していたスキルの一つがコーチングアプローチであっただけです。結局のところ必要なことは、想いやホンネを引き出して、経営と現場従業員が相互に伝え合いお互いに理解することなのです。そうすることで、共感の芽が出るのです。

第２章

だから業績が向上する

昔からある商店街のパン屋はなぜ生き残れているのか？

私の知るあるお店の話です。

「今日のお昼ご飯はパンにしようかな」と吸い込まれる、ある商店街のパン屋さん。そこは職場からちょっと足を伸ばさないといけない徒歩15分くらいのところにあります。歩いて2分の全国に店舗を構える有名パン屋さんにはなぜか行かない。食べたことはあり、とても美味しいのに…です。

その商店街のパン屋さんは、少なくとも20年前から商店街にあり、近隣に大規模なショッピングモールや大手企業が展開する有名パン屋さんができても、変わらず生き残っています。女性おひとりで経営をされており、置いてあるパンは、食パン、菓子パン、総菜パンなど常時15種類ほど。パン一個当たりの値段は、200円前後。いずれも美味しい。お店の外装・内装は開店当初から変わっていません。掲げてある看板は色あせていて、「味がある」と言えば聞こえは良いですが、古さを感じざるを得ません。かつ、一見しただけではパン屋さんとは分かりにくい造り。これと言って特徴があるわけでも、SNS映えするようなオシャレな雰囲気でもありません。しかも、いつも店内がお客さんでいっぱいになっている様子もほとんどありません。

そういうお店がなぜ、周囲の環境が大きく変化したにも関わらず、これまで通り変わらず生き残っているのか…。

定期的にキャンペーンを行ったり、新聞折り込み広告を出したり、店頭などでチラシの配布をしたり、月替わりで新しいパンを開発し販売したり、法人向けに販売をしたり、様々な施策を打っていることが考えられます。それらは大切な生き残りの術です。しかし実は、それら施策が十分に機能するための「土台」があります。

それは「作り手である店主の、強く熱い想い」です。

その店主はパンが大好きで、「地域の人に本当に美味しいパンをたくさん食べてもらいたい。そして笑顔になってもらいたい。幸せな気持ちになってもらいたい」という想いを抱き開業したそうです。そしてその想いは、開店から20年経った今でも変わ

りません。「ウチのパンで笑顔と幸せな気持ちに」を日々のパンづくりに込めていま
す。その想いが、パンの味や接客、販売施策を通してお客さんに伝わっているのです。
「パンを食べたくなるとココに来るんだよね」というリピート来店につながっている
のです。つまり「ファン」づくりに成功しているのです。「高級」「有名」などの要素
も売上にはとても影響します。しかし、それ以上に人を惹きつける魅力が、商品はも
ちろんのこと、作り手の想いに詰まっています。

他にも、「若い人にはたくさん食べて欲しいんだよね！」と採算度外視で、「とんか
つ・エビフライ・コロッケが山盛りでご飯食べ放題500円！」などの学生街の定食
屋さんや、トッピング全部乗せで通常1、200円のところ、学生は700円で提供
するラーメン屋さんなど。

みなさんにも、思い当たるお店などありませんか？

小さなパン屋さんや町の定食屋さんに、文書化された社訓や理念は存在しないかも

しれません。しかしコストパフォーマンスがよいチェーン店が全国に展開している中、根強く生き残っているお店にはそれぞれ強い『想い』があります。

しかしながら、「え？『想い』があれば、生き残れるの？　そんなに甘いもんじゃないと思うんだけど…」と考える方も多いかと思います。もちろん「想い」だけでは売れませんし、ご飯は食べられません。

ただ想いがあるから生き残っているのか、生き残っているお店には想いがあるケースが多いのか、つまり因果関係にあるのか相関関係に過ぎないのかについては、この本を読み進めていただくことでご理解いただけると思います。

ブランディングって何？

パン屋さんからは一旦離れますが、チラチラと本題のインナーブランディングを意識しながら話を進めましょう。

「ブランド」と聞くと、「高級」「モノが良い」「安心感がある」「敷居が高い」などの印象を持たれる方が多いのではないかと思います。ちなみに私は以前、「ブランドって何か異世界のもの…」「なんか怖い」という印象を勝手に抱いていました。特にファッションブランド店舗には、入り口にそのブランドのスーツを身にまとい、白い手袋をはめた背が高くスマートな男性が立っていて入りづらく、万にひとつ一旦入ってしまったら、買うまでお店から出してもらえないのではないか!? と遠くから眺めていたものです。

ブランドの語源は、英語で「焼き印を押す」というBurnedから派生したものです(諸説あり)。

牛飼いが自分の牛を他人の牛と間違えないよう押していた「焼き印」が、ブランドの起源と言われています。

また、中世において刀剣や陶器には作り手の刻印がされ、誰の手によって作られたかを示すようになっていたそうです。これもブランドの起源と深く関わっています。

それが転じて、ビジネスの世界で「独自性を用いた差別化要因」を意味する言葉になりました。

会社そのもの、自社の製品やサービスを他社の同種のものと区別するための要素（ロゴ、ネーミング、イメージ、広告、スローガン）として用いられるようになっていったのです。ただ、あくまでこれも形式的な辞書的なブランドの説明に過ぎません。

現在、多くの会社がマーケティング手段の一つとしてブランド構築を行っています。広報部や経営企画部を中心に（会社によってはブランドマネジメントの専門部署も存在します）、如何に「他社との違い」を明確にするかを日々考えています。

つまり決して「ブランド＝高級品」でも「ブランド＝異世界のもの」でもないのです。


ブランドは、商品やサービスに力を与えます。

自社製品やサービスのブランドが世間に知れ渡っていれば、「うん、それこないだ買った」「あーあれね。良くビジネス雑誌とかＷｅｂで見かけるし、ウチの会社でも導入した」「あのブランドなら安心」など、知られていない場合に比べて選ばれる機会が圧倒的に増えます。

では、ブランドが知られてさえいれば選ばれるのでしょうか？　売れるのでしょうか？　法人個人問わず、皆さんはどのような基準でそのブランドを選んでいるのでしょうか？　買っているのでしょうか？

それは、ほとんどの場合が、安心・安全・価値・実績などの言葉で表される「信頼感」によってもたらされています。一方、提供する会社は、その信頼に足るだけの「約束」をブランドに込めているのです。それを「ブランド・プロミス」といいます。ブランドの本質は、その「約束」にあります。そのブランドで体験できるコトや味、そのブランドなら味わえる高揚感や優越感。そのブランドに備わっている機能。企業はそういったことを、購入する個人や、導入する法人に対して「約束」しています。

会社は、信頼して選んでくれる顧客との約束を守るために、品質の良い製品やサービスをつくり、改善改良を続けています。従業員は、「お客様との約束を守るために、誇りを胸に仕事をする」わけなのです。「それ、ウチの会社だからこそできるんです！」ということです。

その意味で、多くの会社が自社や自社の製品やサービスのブランド構築をするために、日々様々な活動をしています。その活動の全てを「ブランディング」といいます。そのブランディングの中で、顧客が感じる価値には2種類あります。「機能的価値」と「情緒的価値」です。

「機能的価値」とは、市場競争力のある品質や機能を備えていることを表したもので、ブランドが確立するために必須の価値です。ただし似たようなモノやサービスが溢れている現代、他社との違いを強烈に打ち出すのは、本当に大変です。それでも市場に出回っている類似商品と同等、もしくはそれ以上の価値を顧客に見出してもらうために日々機能の向上が求められています。しかしこの機能的価値のみで、他社と圧倒的な差をつけることは難しいです。

そこで「情緒的価値」の出番です。これは顧客が抱く印象や体験を指します。生まれた背景、製品化するまでの経営者や従業員の熱意や想い、苦労などのストーリー。

その製品やサービスに触れた時に感じる直感的な良さ（パンの袋が開けやすい、左利きの人でも持ちやすい、瓶のふたがあまり固くないといった細かい良さなど）。営業担当や接客担当が顧客に寄り添って提案した、きめ細かなサービスだったなど、その商品を購入して得られた体験がどのようなものであるか、企業が発信したいメッセージを受け取れたか。それらの積み重ねが情緒的価値を向上させていきます。

結果、機能的にも情緒的にも価値を感じ、顧客は選んでくれるようになるのです。そうして顧客は「ファン」になっていくのです。ファンになれば、買ってくれますし使ってくれます。広めてもくれます。守ってもくれます。

ブランドはそうやって育てられていきます。

結果として、例えばApple社であれば「常にイノベーティブな商品開発」、グーグルであれば「圧倒的な量のユーザデータを保有」、トヨタであれば「丈夫で長持ち」などの「ブランド」が確立していくのです。

それ、きっとブランディング

先ほどのパン屋さんは、おそらく「ブランドを構築しよう」としてパンづくりに心を込めていたわけではありません。ただ、本当に美味しいパンを多くの人に届けたい、その一心でやってこられたのでしょう。そして、結果としてお店は長きにわたって愛され続けています。

店主が行ってきた、定期的なキャンペーン・新聞折り込み広告・チラシ配布・月替わりパンの開発と販売などの全てが、「美味しさ」（機能的価値）や「パンを食べたくなったら、やっぱりあのお母さんの顔が思い浮かぶなあ」（情緒的価値）につながっているのであり、ファンが増え、そのファンが人を呼び、店主も、「もっと美味しいパンを創りたい」とさらに気持ちが前を向き、さらに多くの人を魅了し、選ばれ続ける。まさにブランディングなのです。

どんなに有名なお店が近くにできても、どんなに大企業が資本力にものを言わせて大規模なお店を展開しても、きっとそのパン屋さんはなくなることはなく、これからも40年50年と残っていくでしょう。

是非、通勤経路にある飲食店の看板や、入り口にしつらえられたショーウインドウに飾られているその会社の製品や技術を示したパネルなど、ご自身の周囲を見渡してみてください。そして何が書かれているか、表示されているかを見てみてください。あらゆるところで同じように「ブランディング」は行われているはずです。

もちろん皆さんが勤務されている会社でも、行っていることがあると気づくと思います。「社内の壁や椅子などの色をコーポレートカラーに統一し、来社される方々への印象付けをし、より深く記憶に残していただく」「会社のキャラクターをつくる」なども、ブランディングの一環です。

インナーブランディングの位置づけとアウターブランディング

パン屋さんの「ブランディング」について、何となくでもイメージができたでしょうか？

顧客もしくは顧客候補に価値を感じてもらうことは、会社存続の生命線です。そういう意味で考えると、ブランディングはマーケティングの話であると同時に、経営戦略の中心とも言えるでしょう。すべての企業が「選ばれるために」ブランディングを行う必要があります。

さて、ここまで話をした「ブランド」「ブランディング」は、顧客および顧客候補とのタッチポイントを如何につくり、顧客価値を最大化し、企業の業績向上をはかるための戦略のひとつですが、厳密にいえばこれは「アウターブランディング」（会社の外向けブランディング）と表現されるものです。

ブランディングには狭義に2種類が存在します。これまでお話をしてきた「アウターブランディング」と、もうひとつが「インナーブランディング」です。インナーブランディングはアウターブランディングに対し、「社内向けのブランディング」と言われます。

「社内向けにブランディング？　そんなの必要なの？」「外向けのブランディングを実施していれば良いのでは？」などの声が多いのではないかと思います。

そういう声が多いのも無理はありません。そもそもブランドが「ブランド論」として世の中に広がり、論じられるようになったのは1920年代のアメリカであると言われ、その後1950年代には商品開発や広告などを通じてようやく「ブランド」という言葉の認知が広がりました。比較的新しい分野だからです。さらにインナーブランディングにおいては「社内向けブランディング」としてブランド論の大家であるデービッド・アーカー氏の著書「ブランド論」（ダイヤモンド社）で紹介されていますが、重要とされながらもなかなか表に出てこない言葉でした。2010年頃、インナーブランディングを生業とするコンサルティングファームに勤めていました。当時勉強のための書籍を探そうと書店に行っても「ブランド」「ブランディング」と銘打ったものは並んでいましたが「インナーブランディング」となると、皆無に等しい状況でした。しかし、ここ数年でわずかではあるものの書店でも見かけるようになりました。また、インナーブランディングをサービスとして提供する会社も増えてきています。

インナーブランディングは、一般的には「社員に理念や企業ブランドの目指す姿が伝わり、一人ひとりがその内容に共感し、自発的にお客様への価値提供に向けて行動する。その行動を支援するための概念であり、すべての活動のこと」を指します（論者やサービス提供会社によって表現は異なります）。

私は、この定義をベースにして多くの経営者に分かりやすく伝えるため、次のように表現しています。

「自社の従業員を自社のファンにし、さらにファンを増やしていくためのすべての活動」

「従業員が会社のファンになる」とは、理念浸透や文化醸成を通して自分が所属する会社を少しでも好きになり、自分がしている仕事を少しでも好きになるということです。それによって楽しさが生まれ、会社や仕事に誇りをもつ心が芽生えます。そして、高い自発性が生まれ主体性、自分ゴト化レベルが上がります。結果として顧客候補や外部関係者への自社製品やサービスの訴求レベルが向上し、売上に繋がっていきます。

皆さん、似たような話を聞いたことはないでしょうか。ある会社の話です。

そのある会社は都内でボードゲームカフェを営んでいます。ボードゲームとは、サイコロを使って遊ぶすごろくのようなゲームやUNOやトランプのようなカードゲームの総称で、そこに行けばボードゲームができるという場所も増えています。お店によっては1000種類以上を並べて自由に遊んでもらえるようになっています。この会社の理念は「人と人とのコミュニケーションが世界を平和にする」です。従業員は全員ボードゲームが大好きで、この理念にも強く共感をしています。そしてその理念とともにボードゲームの楽しさを広めたいと考えており、経営者と従業員が同じ方向を向いている会社です（従業員によっては、元々ボードゲームが好きだったようですが…）。

そこでは従業員が自発的に（ノルマなどは一切なし）、自分が休みの日に友人と一緒に自社の予約サイトから申し込んで顧客として遊びにきています。そして誰よりも楽しそうにボードゲームに興じています。従業員が連れてきた友達のうち何人かがボードゲームのファンになり、また別の友人を連れてくるという良い連鎖反応が生まれており、月の半分程度は常連客が貸切って遊ぶまでに成長しています。単にボードゲームファンが集まるだけでなく、従業員によって会社の理念が顧客に伝わっているそうで、それもあってかWEB広告などをもほとんど出していないにも関わらず、ボードゲームをやったことのない新規の顧客を随時獲得できています。

これが、社内におけるファン化が成功している事例です。BtoCの業種でありインナーブランディングと相性のよい会社ですが、同様の効果はすべての業種どのような規模の会社でも期待できます。

さて、ここで前述のパン屋さんを思い出してください。店主はパンの製造だけでなく、販売やお客様対応、日々の清掃、チラシ作成、経理処理など仕事は多岐にわたり、一人だけでの経営はさすがに困難で大学生アルバイトを二人雇っていました。時給はその地域のほぼ最低水準。そして結構な力仕事。しかし二人は4年間、文句も言わず働き続けたのです。二人とも店舗までは電車で通っていました。一人は7駅、もう一人は10駅離れたところに自宅がありました。しかも大学とは異なる方向です。もっと自宅近くに、時給その他条件の良いバイト先があったのではないかとも思うのですが……。

二人は距離や時給以外のところに、働き甲斐や長く続ける理由を見出していました。それは、店主のパンやお客様、地域への強く熱い想いに心惹かれたからです。たまたま用があって寄った商店街のパン屋さんでアルバイトの求人広告に目をとめ、何となく応募して働き始めた二人は、店主のファン、そしてここのパンのファンになったのです。

とはいえ、すんなりとファンになったかというと、そうでもなかったようですが…。

店主であるお母さんは職人気質で仕事には厳しい人。学生の二人はお母さんに呼ばれるとかなり緊張していたそうです。しかし次第にその緊張が解けることになります。なぜでしょうか？　お母さんは確かに語気も強く、二人は仕事を覚えるまでは緊張の連続だったようですが、ことあるごとに、開業時の熱い想いやお母さんが抱いている夢を話してくれました。その時の優しい笑顔や言葉に触れ、二人はいつしか店主であるお母さんと同じ方向を向いて「お客様に幸せな気持ちになってもらいたい」と考えるようになり、仕事をするようになったとのことです。結果として若い二人の笑顔も増え、それがお母さんの想いやパンの美味しさと相まって、より売上が伸びたそうです。

「二人のアルバイトをお店のファンにする」という意識は店主にはなかったのではな

いかと思います。しかしながら自分の想いを常にアルバイトの二人に伝えることが大切で、それがお客様を大切にすることにつながるのだと考えたのです。結果二人は店主のことがとても好きになり、その想いのこもったパンがより好きになったのです。これを意図して行えたら、もっとすごいことになると思いませんか？

これは商店街の小さなパン屋さんの話ではありますが、会社でも基本的には同じです。

スウェーデンの売上上位500社に対して調査を行ったデータがあります。

これが意味するのは、インナーブランディング、アウターブランディング両輪を活用した会社の収益性は、そうでない会社よりも高いということです。ブランディングを全く行わない会社と、インナー・アウター両者に取り組んでいる会社の差は、6・4％（1・8倍）もあります。インナーブランディングだけに取り組んだ会社との差も3・3％（約1・27倍）。これは一時点の調査結果であり、同じ母集団に数年後同じ調査を行った場合、同じ条件で経営をしていたとすると、その差はさらに開いて

項目	収益性
社内と外部の両方に向けてブランド・ビジョンを強調した企業	14.4％
ブランド・ビジョンを主に**社内的な文化醸成**の推進役に使った企業	11.3％
ブランドを主に外部向け販促活動の道具として使った企業	9.6％
ブランド・ビジョンに疑いの目を向けていた企業	8.0％

（図（「ブランド論」（デービッド・アーカー氏著）より引用）

いることでしょう。

このデータをご覧になって、特に経営者のあなたは何を感じられますか？

デービッド・アーカー氏は、「強力なブランドを構築するには、まず内部から始めることだ。市場で強いブランドを生み出すためには、社員と事業パートナーがブランド・ビジョンを理解すると同時に、その実現を意識する必要がある」と書いています。

インナーブランディングは、前述の通り、社員の意識や行動がその会社の理念や経営方針に沿ったものになり、自発的に顧客のために行動することです。従業員が、会社が向かう方向に沿って自発的に考えて動くことで、仕事を「追いかける」ことができるようになり、受け身かつやらされ感の中で仕事をする場合に比べて、はるかに良い結果をもたらします。良い結果が出る仕事ができるようになれば、それが「仕事をする楽しさ（ファン）」につながり、さらなる良い結果を生み出します。そうなると、それは会社の外に対しても自社や自社の製品・サービスの事が好きであることを周囲に伝えるようになり、結果的にアウターブランディングにおける意識や行動に大きく影響し、当然に売上が伸び、社員が辞めなくなるなど、エンゲージメントレベルの向上や社内の心理的安全性の確保につながっていきます。

「伝染効果」の出発点と表現することもできるかもしれませんが、意識的に作り出すことができる取り組みがインナーブランディングなのです。

ブランディングは土台作りが重要

インナーブランディングは、ブランディングにおける土台です。アウターブランディングで自社の強固な基盤を構築したいと思うならば、インナーブランディングで自社内部の基盤を整え、その上で顧客に向けた活動を行うのが理想です。会社の基盤を支える最たる経営資源は「人」です。「人」の動きや考え方ひとつで、お金やモノ、情報や時間といった他の経営資源の使い方も大きく変わります。「人」の動きや考え方の方向性がバラバラでは、「一丸」になることはできませんし、会社として描く成果も出しにくいわけです（同じ目的を果たすためではあるものの、果たすためのアプローチが人それぞれ異なるという意味での動きや考え方の違いは、組織活性化のためにも必要な要素になります）。

従業員に、会社の存在意義や会社が目指すところとその意味が正確に伝わり、かつ共感を得られているのであれば、それが、従業員の行動や思考に変容をもたらします。それが、顧客への対応内容や商品やサービスの推進・開発にも好影響を与えます。従業員の思考や行動が「自分ゴト」になっていきます。これはB to Bのビジネスでも B to Cのビジネスでも同様です。そして収益が上がるようになれば、社内にキャッシュが留保され、従業員への還元が実現し、事業への投資もできるようになります。それが、従業員のやりがいにもつながり、さらなる行動や思考の変容を促進していきます。そうして事業が好循環に乗り、発展サイクルを加速度的に回すことができるようになるという訳です。

次の会話例はインナーブランディングが浸透している企業ではよくあります。経営者の皆様も本来こういった会話を社員にしてほしいと思っているのではないでしょうか。

Aさん「3ヶ月前に転職した会社さあ、意外にも楽しいんだよね！　もちろん苦しいところもたくさんあるけど、楽しいって思える！」

友　人「へえ、そうなんだ。そういえばその会社で働くようになって、前に比べてすごくイキイキしてるよね。いいなあ…」

Bさん「うちの○○ってサービス知ってる？　自分でも使ってるんだけど、結構良くできてるんだよね。」

友　人「知ってる！　あれ提供してる会社に勤めてたんだ。使ったことないけど、詳しく聞かせてくれる？」

Cさん「転職したいって言ってたよね？　良かったらウチの会社の説明、聞いてみない？」

友　人「え？　それって私が入社したらCさんが会社からお金もらえるってヤツじゃない？　やだよ。」

Cさん「それはおまけの話だよ。もらったら半分あげるから…。イヤそうじゃなくて、自分でも驚くほど働きやすくて、自分のチカラが出せそうなんだ。キミにも合ってると本当に思ったからさ」

友　人「本当に…？　そしたら一度話を聴いてみようかな」

「その時！」あなたはどうする？　～判断の拠りどころ～

会社に所属する人の「働く目的」「その会社を選んだ理由」は様々です。「生活のためにお金が必要だから」「自己実現や成長をしたいから」「この会社の製品が好きだから」「趣味を充実させるために休みが取りやすい会社だから」「とりあえず就職できたのが今の会社だから」「家から近いから」などなど…。これは正直十人十色。それで良いのです。生き方や働く目的はひとそれぞれです。「働く目的をひとつに」と会社が強いることは良くないことと考えます。

重要なことは、所属するその会社において、どんな考え方で仕事に向き合い、どんな思考や行動をとっているかです。会社がどこに向かい、経営者が何を大切にしているのかを理解し同じ方向に向かって仕事をすることは、従業員であれば自然なことだと思われる経営者は多いのではないでしょうか。

では、会社の理念や向かっている方向を考えた時、「それを理解しそれに沿っている」とはどのようなことなのでしょう?

少々極端ですが、例えば「お客様に、『このシステムの機能、最初は○○とお願いしたけど、◇◇に変更して欲しい』と要求された。しかも当初の仕様通りにほぼ出来上がっている。どう判断したらいいんだろう?」という場面に営業部のAさんがぶつかったとき、何を基準に判断するのかということです。「私はお客様のことが第一だと考えるから、システム開発部に無理をしてもらう」とAさんは判断したとします。しかしながらAさんが所属するその会社、「社員の幸せが最優先」という主旨の理念を掲げているとしたらどうでしょう?

「社内に無理を強いてでもお客様の要求に応える」ことは、経営方針に照らしたときに最適最善の判断と言えるでしょうか。売上をつくるためには無理が必要なことも当然あります。聴こえてくる声としては「ケースバイケースじゃないか?」が一番多いのではないかと推察します。実際には私もそうだと思います。

「え?　それでいいの?」と言われそうですが、ここで重要なことは、「その判断に至った過程、判断をした基準になったものは何か」ということです。

「社員の幸せが最優先」という主旨の理念に照らして考えた時、例えば「その要求が本来無理なものだったとしても、受け入れることで今期の売上予算が達成でき、開発メンバーの成長につながる内容にもなっていて、結果として賞与支給や昇進へのプラス評価もできると考え、判断した」ならば、それはその会社としては正しい判断となるでしょう。対応する開発メンバーも100%でなくとも納得できるのではないでしょうか。

それが、「お客様の要望には応えないとダメだと思う。だって顧客第一主義は大切な考え方だし、お客様あっての会社だから」という基準で判断をしたとしたらどうでしょうか?　それを開発メンバーが耳にすれば、不満が爆発するであろうことは容易に想像できます。「それさ、会社の理念とは違う方向で判断してない?」と。

「少し極端な例」と表現しましたが、このようなことは結構起きています。かく言う私も以前お客様から無理な依頼を受けて、しかも「自分の基準で実施を決めた」プロジェクトマネージャーとして経験しました。

ここで注意すべきは、理念や経営方針に沿って判断することであり、「誰が判断した」という悪者探しをすることではないということです。

「誰が悪い？」に原因を求め、悪者をつくりだそうとすればするほど、起きている問題は解決に向かいにくくなります。常に「何が悪い？」「何が課題？」と考えることで、「理念や経営方針がしっかり根付いていないことが課題になる」と判断できます。

ビジネスにおける判断は常に、理念をベースに考えることが、会社が一つ方向を向くための重要な要素になります。従業員が同じ方向を見ていれば、思考や行動の方向も共通する部分が見えてきます。結果としてそれが推進力となり、会社として健全な判断のもと、業績の向上にもつながっていくのです。

インナーブランディングの先にあるもの

インナーブランディングの先にあるものは、「共感の方向性」の統一と思考や行動の習慣化です。会社の理念、ビジョンが社員に理解され、共感され、従業員はそれをもとに思考したり行動したりしている状態です。

人は、自分が信じていることに従って考え、動きます。信念や座右の銘、賛同している哲学や尊敬している人物の言葉などを、培ってきた自分の考えと合わせて日々意思決定をしています。それが時を経て習慣となり、意識的な動きが無意識のそれになっていきます。

社内における思考や行動の習慣化は、その企業の文化を創り上げていくためのとても大切なステップです。文化を創り上げるためには、とても長い時間（最低でも2〜3年）がかかりますが、習慣化され文化として定着したことは、簡単には変わりません。だからこそどんな文化を創っていきたいのかについては、会社のトップから現場の一従業員までが、時間をかけて真剣に考え言語化する必要があります（従業員数によってどこまでが言語化に関わるかは変化します）。そして理念をベースに自分たちで言語化した文化を、徹底的に社内に刷り込んでいきます。結果として成し得ることは、まず「社内の意識統一」です。

私が過去に勤務していた東証一部上場企業では、入社時に一冊の書籍が渡されます。それを10回読んで、しかも毎回所感を書くという研修がありました。その所感は、前のものと同じことを書いていると、提出先であるグループの長から叱られます。当時は「これは苦行だ！　いったい何の意味があるんだ」とぶつぶつ言いながらやっていました。10回とも内容の異なる所感を書くのは本当に大変でした。小学校の読書感想文を書いたときは、前書きや後書きの内容をちょっと拝借しつつ、楽をしたものですが…（もちろんイケない行為です）。

今であればその意味や大切さは良く理解できます。その会社の創業者は「多読より精読」といつも口にしていました。「多読」は数多くの本を読むことであり、「精読」

は一冊の本を何度も繰り返し読むことです。「量を読むことよりも一冊の本を何度も読み、深く理解せよ。」という考え方でした。その一冊を深く深く理解することで、社是に込めた意味を深く知り、日々の仕事に社是を織り込んでいくことを、創業者は伝えたかったのだと思います。振り返ると、確かに社内では常に社是に触れる機会が多くありました。目にすることも耳にすることも多かった印象です。創業者が存命の折は、社員向けの講演で社是にまつわる話を聴きました。口角泡を飛ばしながら、ご自身が抱く強い使命感と強い想いを社是に込めていることを、いつも情熱的に話されていました。「経営トップの言葉って重いんだ」と感じたことを覚えています。

結果的にその会社は、創業以来50余年増収を続けているだけではなく、国内最大級の任意団体をつくりあげることにもなったのです。

その会社を退職した今、たまに集まる元同僚との語らいの時間においては、同社の社是に関する話題が必ずと言っていいほど出てきます。私も座右の銘のひとつとして掲げています。それほど従業員に浸透したということですね。

よく周囲からは「まるで宗教団体だな」と揶揄されましたが、それくらいの求心力があるからこそ強い会社を創り上げることにつながったのだと考えています。まさに「理念経営」です。

「強い」と言われる会社は、その多くが「理念経営」を遂行しています。著名なところでは、京セラの稲盛和夫氏、Panasonicの松下幸之助氏、本田技研工業の本田宗一郎氏、ソニーの盛田昭夫氏、日本電産の永森重信氏など、もはや聞き飽きるほどその名を挙げられてきた、日本が世界に誇る会社とその創業者の方々です。「理念」は適切に言語化され、社内においてあらゆる方法で伝えられ、浸透し「〇〇イズム」なる言葉で語られます。そしてその〇〇イズムが、社内の仕事の中に文化として根付き、理念を体現するための従業員の日々の思考や行動に反映されています。そうやって従業員が同じ方向を向くことは、従業員の「一体感」を醸成します。働く目的は従業員一人ひとり異なります。やる気がある人もいれば、最初からそれなりでいいと考えている人もいるでしょう。雇う立場で考えれば「もっと前向きな目的をもって働いて欲しい！　ウチに必要なのはそういう人材だ！」と思うかもしれませんが、働く目的を押し付けるのは良くありません。働く目的まで一致させようとすれば、表に現れるかどうかは別として反発が起きます。

大切なことは、仕事中は全従業員が理念に沿って行動していることです。つまり理念が向かう方向、大きな矢印について、従業員が同じ方向を向いているということです。もちろん、大きな矢印とは別の方向を向いてしまう人もいます。ただインナーブランディングのプロジェクトを推進していくことで、「実は真逆の方を向いていた」と気づく人もいます。そして改善されるケースもありますが、一方会社を辞めてしまう人も現れます。自分の考えや想いに合わないと感じるからです。そして、会社によっては一時的に多くの従業員が辞めることもあります。しかしながら「理念に沿って働けない」という人の離脱は、経営者視点で長い目で見ればメリットが大きいのです。従業員にとっても、自分に合う環境で働く方がチカラを発揮できるでしょう。

ちなみにこれは、社内の意識が同じ方向を向いている、判断の拠りどころが同じであることが前提となっていれば、起きにくい状況です。

従業員が理念に共感し、理念に沿うような文化を創り出し、その理念や文化に沿って思考し行動する。結果として、社内が同じ方向を向いているため、議論も建設的に行え、意見が出しやすい環境も生まれ、意思決定後の社内の動きも、従業員の意識が向かう方向がバラバラの時よりもスムーズになります。そしてその積み重ねが「社内一丸化」を促進し、ひいては「人」「文化」を代表とする無形資産の価値を向上させるのです。

この「無形資産の価値向上」が、インナーブランディングが果たすひとつの目的（中目的）となるのです。

その結果、最終（大）目的である「企業が永続的に発展する」ための「礎」ができるのです。

第３章

インナーブランディングは「ファン化戦略」という絆の醸成である

会社経営4つのチカラ

私は会社経営は大きく4つのチカラから成り立っていると考えています。「商品（サービス）力」「財務力」「経営力」「人材力」です。

「商品（サービス）力」…独自の技術や考え方で、世の中の「不」が付くことをこれまで以上に解決したり、新たな便利を提供したりできるチカラ。

「財務力」…資金力と言い換えても良いでしょう。よく「売上が全くなくても最低3か月間は生き延びられるだけの資金を留保せよ」といわれます。財務力があれば、どんな状況になっても立て直しができる可能性が高まります。

「経営力」…経営者、経営陣の判断力を指します。日々の企業活動において、何にいくら資金を投入するか、どんな商品（サービス）を創り上げるのか、どんな戦略で売上を伸ばそうと考えるのかなど、判断する場面は数多く存在しますが、そこでの判断の積み重ねが会社の命運を決めるとても重要なチカラです。

「人材力」…どんな人材がいれば、どんな人材に育てば、経営戦略の完遂ができるのか。それが明確であればあるほど人材の持つチカラは発揮の方向に向きます。対社内外コミュニケーション力や営業力と言い換えても良いでしょう。

また思い出していただきたいのは、経済学者エディス・ペンローズが唱えた「経営資源（ヒト・モノ・カネ・情報）」（最近では「時間」「知恵」も加えられています）にも「ヒト」が含まれています（このヒトには、経営力と人材力の両方の意味が含まれていると考えられます）。モノもカネも情報も、ヒトが扱い活かしていくものです。ヒトという経営資源が起点となって、他の経営資源を活かすことができるわけです。

中小企業が突出させるなら、人材力

この4つのチカラのバランスをどのように実現するかで、企業の伸び方や好不調などが決まっていきます。私は、どれか一つが圧倒的であれば、他のチカラが多少弱くても業績は伸びる可能性は高く、4つのチカラが高いレベルでバランスしていれば安定した経営ができるものと考えています。

例えば商品（サービス）力が圧倒的であれば、人材力（営業担当）に多少心配があっても売上は上がります。コミュニケーション力やクロージング力が心もとなくても、商品（サービス）の良さで勝負できるからです。売れていけば財務力も次第に上がってくるでしょう。経営者の判断力に少し不安があったとしても商品（サービス）が強ければ、会社が傾くまでのことにはならないでしょう。

ただ、今の世の中、なかなか商品（サービス）力が圧倒的で、他社が真似できないという状況を生み出すのは至難の業です。そこで他社との差になるのが他の3つのチカラですが、その中でも中小企業にとって最も重要なチカラが「人材力」です。

その理由としては、まず財務基盤は大企業の方が有利です。銀行等からの継続的な融資も受けやすいですし、株式や社債を発行して資金を調達することも比較的容易です。また経営力においても、社内の優秀な人材を多くの従業員の中から選抜し経営人材として登用することもできますし、実績のある社外取締役を採用することも、中小企業に比べると容易でしょう。また、株主総会におけるチェック機能にも期待できますので、必要なフェーズごとに経営陣を入れ替えることもできます。

一方で、人材力においては「中小企業だから大企業に劣る」ということはありません。

確かに、優秀と言われる人材は、大企業や有名企業に流れていく傾向は昔も今も大きくは変わりません。しかし、ベンチャー企業や、技術力・サービス力のある中小企業に就職をする優秀な若手も増えています。社長の人柄や事業への想いに惚れ込み、知名度や待遇ではなく「やりがい」や「理念」で職を決める優秀な人材が増えているのです。この現実を知ると、中小企業だから劣るわけではないと分かります。

中小企業の経営手法を解説している『『TRACTION ビジネスの手綱を握り直す 中小企業のシンプルイノベーション』ジーノ・ウィックマン著（ビジネス教育出版社）』では、正しい人を正しい席に座らせることが重要と説明しています。正しい人とは会社の理念を共有している人のことであり、その人が次の3つの条件を満たしていれば、正しい席に座っていると判断できるそうです。

Get it（業務を理解できる）
Want it（業務に対するやる気がある）
Capacity to do it（業務を遂行する能力がある）

会社に必要な人材力とは、まさにどれだけ素直に会社が進む方向を真っ直ぐ捉えて仕事をするチカラがあるか、理念について常に考え共感しつつ、それをベースに自分の能力を発揮しているかです。

そしてインナーブランディングは、まさにこの意味での人材力の強化に最も適切なツールにもなるのです。

インナーブランディングの影響範囲

では人材力の強化のためにインナーブランディングは何をしてくれるのかについて説明していきましょう。つまり影響範囲はどれほどなのかということです。

インナーブランディングの最終（大）目的は、「無形資産価値の増大による企業の永続的な業績向上の基盤構築」であり、その定義（かつ小目的）を「自社の従業員を自社のファンにする」としています（その結果として「無形資産価値を増大させ、企業の永続的業績向上の基盤構築」の実現を支援するという考え方です）。従業員が自社のファンであれば、従業員自ら理念浸透や文化構築などに積極的に動くでしょう（まずは理念浸透や文化醸成でファンにする、ですが）。会社で起きることを「自分ゴト」として捉えることができるからです。

そういう意味では真っ先に「営業」「マーケティング」そして「人事労務」の分野に好影響が出てきます。そして「経営企画」「情報システム」の面にも良い影響が出ます。

ひとつ、「人事労務」に好影響があった例をお知らせします。

ある中小企業（サービス業）のインナーブランディング推進支援をしていた時のことです。

最初は、もともと言語化されていた企業理念をベースに、理想の文化を構築し浸透させることをひとつのゴールとしてプロジェクトを始めました。幹部だけではなく、若手社員も参加してのプロジェクトメンバーでのスタート。企業理念の意味するところ、そこに込めた想いを創業社長から学び、その理解を基礎として、企業理念の体現を支える行動の習慣とすべく、理想の文化を言語化していきました。3か月程の時間をかけて、プロジェクトメンバーの主導で理想の文化を言葉にし、それを根付かせるための施策もプロジェクトメンバーに考慮していただき、動き始めたのです。

その初めの頃、プロジェクトメンバーの一人が、ミーティングには参加していたものの否定的な意見を述べたり、非協力的な態度で臨まれたりという状況でした。「理念を共有したり、新しい文化を創ったりすることが、会社のためになるのか？」と言われていました。一般的には「このような人材がいると、コトが上手く進まない」と考えますが、インナーブランディングにおいては、このような方は「貴重な戦力」になる可能性があるのです。

どういうことでしょうか？

その方は、社長の言葉や会社が提示する経営方針などに懐疑的な考えをお持ちでした。「自分には関係ない」と。しかしプロジェクトミーティングを進める中で、「企業理念が皆さんの日々の仕事につながっている」ことを何度も説明するうち、その「つながり」を理解され、かつ納得していかれたのです。「理念はとても大切だ。そしてそれを浸透させていくためのインナーブランディングは重要だ」と言われるようになりました。そしてその後のプロジェクトへの参加意欲はガラッと変わり、プロジェクトの中心として、文化醸成施策の推進だけでなく、人事評価制度の改善にも積極的に関わられるようになりました。それに呼応するかのように、他のメンバーにもより一層の積極性が生まれ、特に人事評価制度の改善は急ピッチで進められ、これまでほとんど使われることの無かった制度が、全社的に使われるようになっていきました。

この事例の方は、「理念と自分の仕事がつながっていることが明確になったことで、今やっているインナーブランディングの事が良く分かった」と言われました。このような「懐疑的」な見方をする方は、その対象について常に思考しているのです。そしてその疑いが晴れた時、見方が逆転するのです。ひとりが動くようになれば、時間がかかっても状況は変わります。その意味でこの事例の方は、とても貴重な存在でした。

ではインナーブランディングはなぜこのような広域まで良い影響を与えることができるのでしょうか。

企業理念は思考判断の拠り所

インナーブランディングは「営業」「マーケティング」「人事労務」「経営企画」「情

報システム」という非常に広い分野に好影響を与えるのですが、その理由は、企業理念が企業活動における思考判断の拠り所だからです。それはどういうことなのかを説明していきます。まず人によって解釈が異なる二つの用語について、本書なりに定義してみます。

企業理念：創業者の想いであり、企業にとって普遍的な言葉であり存在意義。思考行動判断の拠りどころ。
経営理念：時代や経営者によって変化する企業経営の方向性（経営方針と表現することもあります）。

この定義をさらに分かりやすく噛み砕くと、企業理念は目的であり、経営理念は方向性です。変わらない目的を果たすために向かう方向は変え続ける必要があります。
企業理念が、すべての基礎基盤であることは説明した通りです。その企業理念を体現し、続けるために「経営理念（経営方針）」が存在します。そしてその上に「ビジョン」が存在します。ビジョンは、理念を体現できたときの具体的な「見える姿」です。その上に、「戦略」が位置します。戦略は理念・方針に沿ってビジョンを実現するために、どのように戦うかのシナリオ・方法論であり、会社全体の経営戦略に始まり、そこを起点として広がる営業戦略・人事戦略・商品戦略・マーケティング戦略・広報戦略・ＩＴ戦略など、戦う場所の数だけ存在します。

それら戦略の上に、戦術が位置します。各戦略を遂行達成するための具体的な手段です。どのような仕組み・システムを使うのか、どのようなパートナーを選ぶのかなどを決めていきます。その上に、部署目標が位置します。戦略戦術をベースに、組織としての各機能が達成する目標となります。そして個人目標。これは部署目標を細分化した、部署構成員個々人の目標です。最後一番上が日々の個人の仕事です。個人目標から導かれた毎日の仕事です。企業によっては個人目標を設定しないこともあるでしょう。しかし最終的に個人が何を行い、達成するのかについては具体的にしておかないと、日々の仕事内容が曖昧になってしまう可能性もあるため、必要にはなってくるでしょう。

理念経営のピラミッド

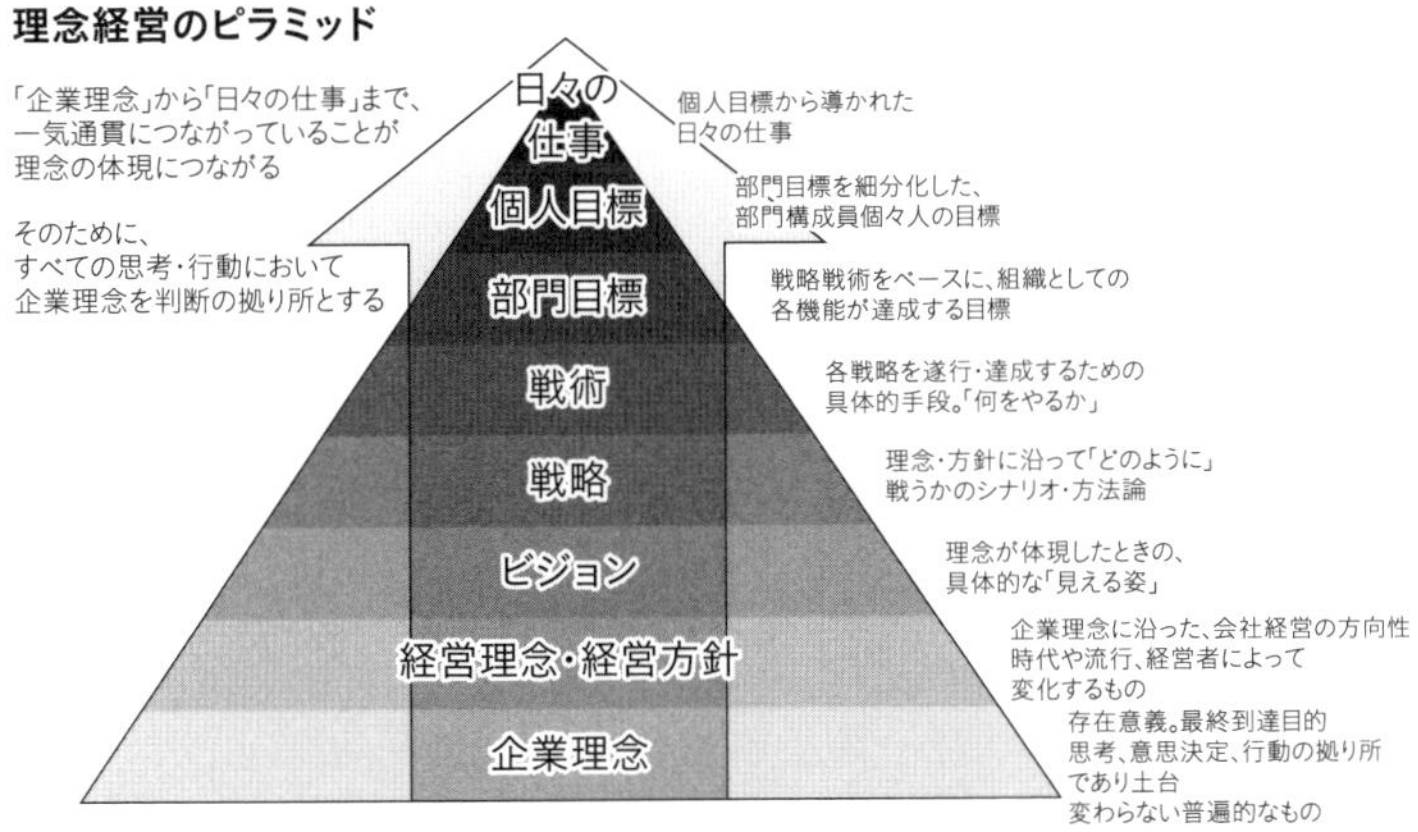
「企業理念」から「日々の仕事」まで、
一気通貫につながっていることが
理念の体現につながる
そのために、
すべての思考・行動において
企業理念を判断の拠り所とする
日々の仕事
個人目標
部門目標
戦術
戦略
ビジョン
経営理念・経営方針
企業理念
個人目標から導かれた
日々の仕事
部門目標を細分化した、
部門構成員個々人の目標
戦略戦術をベースに、組織としての
各機能が達成する目標
各戦略を遂行・達成するための
具体的手段。「何をやるか」
理念・方針に沿って「どのように」
戦うかのシナリオ・方法論
理念が体現したときの、
具体的な「見える姿」
企業理念に沿った、会社経営の方向性
時代や流行、経営者によって
変化するもの
存在意義。最終到達目的
思考、意思決定、行動の拠り所
であり土台
変わらない普遍的なもの

このピラミッドの真ん中に樹木の幹のように存在するのがインナーブランディングなのです。

企業理念を基礎基盤としていても、その企業理念をスタートとする各ステップがしっかり組織に浸透し、日々の個人の仕事にまで通じていないと、ピラミッドは崩れてしまいます。図で言えば、それぞれの区切り部分がずれて、日々の仕事にまで通じていなければならない企業理念のパワーが伝わらない状態になります。

そうならないようにするためにインナーブランディングは存在します。基盤から幹（太い矢印）がしっかり上に伸びていれば、そうならないのは想像できることと考えます。

インナーブランディングという幹を通して、企業理念を経営理念や戦略、戦術や各目標、日々の仕事まで浸透させることができれば、逆にその仕事の積み上げが、戦略を確実に遂行することにつながり、企業理念の体現につながっていくのです。

そして、その理念の浸透が、従業員の思考や行動を同じ方向に向け、スムーズな企業活動を実現します。同じ方向を向いていることが前提になるので、社内での議論も、ぶつかり合いつつも建設的に発散と収束を繰り返すことができます。判断の軸が共通しているので、意思決定も行動も早くなります。

いわゆる「選択と集中」にドライブがかかる状況を生み出し、チャレンジの回数が増え、上手く行かないことも発生しますが、その後の成功までの時間が確実に短くなります。つまり業績が上がりやすくなるのです。

改めて、インナーブランディングの影響範囲は企業活動のすべてということになります。そして、企業活動の幹としてすべての活動のつなぎ役ということになります。

切り口は「社員エンゲージメント」「離職率」そして「マーケティング」

経営者を始めとした会社の幹部にインナーブランディングの話をすると、「大切である、必要である」ことは、ほぼ100%認識いただけます。

しかし「インナーブランディング、やろう！」と意思決定をする経営者は、多くはありません。

インナーブランディングは「概念」であり「活動そのもの」です。そのため行った結果が見えにくく分かりにくい部分もあります。「インナーブランディング施策を実施したから理念が浸透した、文化醸成に大きく役立った、業績が向上した」などという因果関係がつけにくいものです。

では、導入にあたっては何を成果として捉えたら良いのでしょうか。

代表的なところで考えると、「社員エンゲージメントの向上」「離職率低下」を切り口にすると良いでしょう。

インナーブランディングを推進し、理念が十分に従業員に伝わり、その従業員が一丸となり、仕事を「自分ゴト」として楽しめるようになり、意識を外に向けて前に進む。その結果、「この会社にいることで自分の存在がより明確になっている」「この会社の商品やサービス、仲間が好きだ」「不満が無いわけではないが、ずっとこの会社で働きたい」という気持ちが生まれます。定点観測的にエンゲージメント調査をし、前回との差分を取ることで、数値で成果を測ることができます（他の要因で良い結果がでることもあるので、すべてがインナーブランディングによって良い結果が出るとの断言はしにくいところもありますが）。

また、離職率も同じです。人が辞めなくなれば、それがインナーブランディング推進の成果と捉えることも可能なのです。

そして「マーケティング」。インナーブランディングは、マーケティングの要素も持っているのです。

マーケティングとは、「自分たちが何をつくるべきかを決める、企業の成長エンジンである」と近代マーケティングの父と言われるフィリップ・コトラー氏は言われています。そして、かつて同氏が提唱されたマーケティングミックスの4P（Product, Price, Place, Promotion）が、今ではその発展形として「Product, Price, Service, Brand, Incentives, Communication, Delivery」の7つがマーケティングには必要であると言われています。

ここに「Brand」が入っています。ブランドは、自社を選んでもらうための他社との差別化要素であり、選んでくれる顧客と結ぶ「約束」です。その訴求活動をアウターブランディングと呼ぶわけですが、インナーブランディングはアウターブランディングの前段階として「その会社の従業員が、その会社の理念や、らしさを理解し、共感し、心から商品やサービスを提供しようと活動した」結果、「その会社のファンである」状態を創り出す活動として行われるものです。アウターブランディングの土台となるのがインナーブランディングなのです。

このように、マーケティングに必要な要素のひとつであるBrandを構築するために、その土台となるのがインナーブランディングと言えます。

だからこそ、マーケティングの切り口でインナーブランディングを推進することもできるのです。

「価値」の価値が変わる。目指すは無形資産価値の向上

「価値」という言葉、当たり前に使っていますが、ここ数年特によく目にしますし耳にします。「バリュー」と言われることも多いです。近年では、SDGsの観点や幸福度指数などの観点から「価値とは何なのか?」という議論も活発に行われています。働くことの価値、自分そのものの価値、自分を大切にすることの価値、自分の考えや想いを振り返ることへの価値、愛する人を守る価値、時間の価値、会社が生み出す価値など価値は多様化しており、一昔前の物質的価値=価値の時代ではなくなってきました。

昔、作れば売れた時代がありました。モノを持つことが価値とされ、とにかくどんどんモノが増えました。たくさん売れました。作ることにも、消費することにも何の

疑問も持たなかった時代です。

モノそのものに価値を見出し、所有することに価値を感じる。

では現在はどうでしょう。有形のモノはあふれかえり、似たようなサービスも無数に存在します。

メーカーにしてもＩＴにしてもサービスにしても、どうやってこれまでの価値とは異なる価値を提供していくかにチカラを割いています。イノベーションという言葉で、新しい価値を生み出そうとする動きも活発です。新しい価値を生み出す人材を如何に育成し、もしくは採用するかがひとつの課題となっています。

なぜここで価値の話をしているかと言うと、インナーブランディングにも大きく関わるからなのです。

インナーブランディングは「無形資産価値を増大させ、企業の永続的業績向上の基盤を構築する」ための概念であり、すべての活動です。その無形資産価値を増大させることと、今の時代の流れが一致しているからこそ、価値について話をしているのです。

モノそのものや機能では他との差別化がなかなか困難です。有形のものでは他社との圧倒的な違いを出すことがとても難しい中、無形のもので差を付けようとします。その無形のものの代表格が「ブランド」と「人」です。

最近では「人的資本」という言葉が、かなりの頻度で目や耳に飛び込んできます。財務諸表に掲示できない、数値化できないものを「価値」として評価する動きが加速しています。まさにインナーブランディングを推進し、理念のもと、従業員を一丸化することが、そして組織のもつチカラを最大化することが、従業員のパフォーマンスレベルを上げ、結果としてその企業における「人」の価値を向上させることに大きくつながります。そうなると、他社とは異なる価値が生み出せるようになるということです。

人のもつチカラが最大限に発揮されれば、そのチカラは社内外に影響します。業績が向上する大きな要因になるのです。その状態が永く続くことが、企業にとっては最も大切なことになるのだと考えます。そうは思いませんか？

＼／
中堅中小企業にこそインナーブランディング！

インナーブランディングは、中小企業の方がインパクトが大きく成功しやすい取り組みですが、先行しているのは大企業です。

大企業の経営者は、これまでは外にばかり向いていたブランディングが不十分であったことに気づき始め、インナーブランディングに向いてきたというところでしょう。それは組織としての問題がこれまで以上にクローズアップされてきているのがひとつの要因です。「離職が止まらない」「会社の求心力が落ちている」「社員のエンゲージメントレベルが下がっている」「社内の雰囲気がギスギスしている」「リモートワークが進み、社内コミュニケーションが上手くとれない」「人事評価をどのように最適化すれば良いか分からない」「欲しい人材の採用が進まない」「各種ハラスメントについての対応に追われている」「従業員のメンタルサポート体制が整えられていない」「従業員が自発的に動かない（自立（自律）しない）」などなどです。

これらの問題について、その本質的な解決策を探しているとインナーブランディングにたどり着くわけです。

ただ、そのような問題をかかえている会社は、なにも大企業だけではありません。中堅中小企業だからこそ、それらの課題はより深刻に経営に影響を与えます。資金も人材も十分ではない中、目の前にある問題解決に取り組めずにいる会社も多いからです。

とはいえ、今すぐに解決すべきことについては、それなりの資金も時間も人も投入されていることでしょう。しかしその多くは「対症療法であり、根本解決に至っていないケース」もあり得ます。根っこが残っている状態であるため、時間が経過すると、また同じことが起きます。「もぐらたたき」現象です。「また同じ問題…。こないだ解決したよな、なんでまた…」ということです。

もちろん経営者も従業員も「根本からなんとかしたい」と努力をされているものの、目の前の仕事に忙殺されてしまい、一人二役も三役も担わないといけないことも。「わかっているのにできない」という声をたくさん耳にしてきました。

インナーブランディングは、そのような状況の中堅中小企業にこそ必要な概念であり活動です。

私の経験上、顕在化している社内問題の多くは、全く意図していなかったところで生まれています。

「その問題が起きているのはなぜ？」を3～5回繰り返して深堀していき潜在的な問題を引き出す、いわゆる「なぜなぜ分析」をしていくと、意外な原因が顔を出します。その潜在的な問題の根本原因を取り除かないと、同じことを繰り返し、その都度資金も時間も人も投下しなければならなくなります。根本原因を絶つことが必要なのです。そしてもし潜在的な問題が解決したならば、認識していた問題以外も自然と解決していくことが多いです。

例えば、とある業務部門におけるミスが多くそれは個人の問題であると思っていたが、実はプロセスの問題であった。プロセスを改善したらミスが減っただけでなく、生産性が上がり人不足も解消した。営業成績が上がらず商品力の欠如が原因であると思っていたが、実は正しく営業担当に情報が伝わっていないコミュニケーションの問題であった。制作部門から営業部門に正しいコミュニケーションがなされるようになったら、提案力が改善されただけでなく、営業現場から制作部門にニーズの共有が行われるようになって、企画力が向上したなどです。

インナーブランディングで理念の浸透・文化醸成・採用の適正化などが実現できていけば、従業員の意識や行動に変化が生まれます。各人の目指す方向が、会社が向かう方向と近いため、問題解決の議論も建設的に進んでいきます。目の前に問題が現れてきても、臆することなく前向きに解決に向かえますし、意見が対立したとしても共有している理念が共通言語になっていれば、理念に立ち返ることで進むべき方向が明確になります。中堅中小企業に不足しがちな経営資源の適正活用もできていくでしょう。

ただ、すべてにおいて万能な策があるわけではありません。インナーブランディングも然りです。本書で繰り返し書いていますが、インナーブランディングの推進には時間がかかります。数年で基盤ができれば良い方です。経営トップが本気で取り組み、本気で継続しなければ成果は出ません。私の知人は、従業員700名ほどの会社（東証上場企業）を経営しています。その方は独自にインナーブランディングを推進しているのですが、社内での賛同者を少しずつ増やし、理念はもとより自身の経営における考え方の浸透や従業員の自主性の発揮の実現に向けて、日々まさに孤軍奮闘しています。その諦めずに取り組む姿は、本当に頭が下がります。

また、インナーブランディングを推進する過程では、「痛み」が生まれることがあります。前述の通り「離職」です。従業員が辞めるのです。

「え？　インナーブランディングを推進すると離職率は下がるのでは？」と思われる方も多いでしょう。本書でもそう書いています。私もこの仕事を始めた頃には、そう思っていました。しかしある時、複数のお客様先で従業員が辞め始めるという事態に遭遇しました。退職の原因はどうやらインナーブランディングにあったようです。プロジェクトを始めた時は順調に従業員の皆さんも前向きに取り組まれていたのですが、理念の意味が理解でき、その体現に向けて施策を考え実行している中で、「自分はこの会社には合わない」と気づいたのです。

当然社内では焦りの声が上がります。人材の流出は、中堅中小企業にとっては死活問題です。採用には大きく費用と時間がかかります。しかしそれは「自社に合わない方が出ていかれ、本当に自社の理念に共感し働ける方が入社・定着していく」ための過渡期に入ったということにもなるため、好転反応とも言えます。この状況は、一時的に社内に混沌を生み出します。人員不足で業務が回らなくなることもあり得ます。エース級の従業員が辞めた場合は、業績が落ちることもあり得るでしょう。場合によっては、そのような時期を経ることが必要な企業もあるということです。

こうした話を聞くとインナーブランディング推進に足踏みをされる経営者もおられますが、大切なことが何かを良くお考えいただきたいと思います。自社に合わない人材がずっと会社に残って良いのでしょうか。理念を共有できていない従業員の多くは、経営者の見えないところで会社の文句を言ったり、部下の提案を勝手に却下したり、上司の指示に全く従わなかったりとじわじわと会社にマイナスの影響を及ぼしていきます。そうなったらお互いがunhappyになってしまいます。そういう従業員が何年も何十年も会社に残って良いとお考えでしょうか。確かに人は大切です。縁あって雇用した以上、長く頑張ってもらいたい。本当に大切です。一方で、自社に本当に必要な人材はどういう人材なのかを良くお考えいただきたいと思います。

仕事ができる能力が高ければ良いのですか？　有名大学を卒業しているから必要なのですか？　ＭＢＡホルダーだから経営やマネジメントに長けていると判断されるのですか？

だからこそ、インナーブランディング推進によって、自社の向かうべき方向を明確にし、その方向に向かうために本当に必要な人材を獲得する、定着させる、活躍して輝いていただくことが重要なのです。一般的に優秀とされる人材が、自社に合っているとは限りません。

経営資源が潤沢でない中堅中小企業にこそインナーブランディングは必要なのです。

自社の従業員を自社のファンにする

従業員には、正社員だけでなく「アルバイト、パート、業務委託者」も含みます。

ファンになってもらう対象は「従業員」ですが、さらに踏み込めば「自社に関わる一切の人を、ファンにする」ことも目指していきます。会社に身近な存在から順番にファンになってもらうのです。これが業績の向上に大きく影響します。

ちょっとその前に。とても重要なことですので繰り返しますが、「やり切る覚悟」が経営者・経営陣になければ、インナーブランディングは上手く進みません。幹部や従業員任せにしてしまっては、確実に道半ばで終わってしまいます。

さて、ファンになってもらう、ファンにするということは、従業員の感情を動かすことです。繰り返しになりますが容易なことではありません。「報酬上げたら動くだろう」「理念の言語化は終わったし、カードを作って配れば従業員も理解してくれるだろう」というわけにはいかないのです。しかもファンになるポイントは従業員ごとに異なります。丁寧に進めていく必要があります。

主に「ファンになる」ことについては第1章で触れました。ここでは「ファンにする」を扱います。

従業員に自社のファンになってもらうための要素を見ていきましょう。

1　会社の魅力（価値）を徹底的に表面化させる
2　共感ポイントを常に知る
3　合言葉を創る
4　業務に練り込む（環境を創る）
5　続け続ける（習慣化する）

1．会社の魅力（価値）を徹底的に表面化させる

これはアウターブランディングにもつながる要素なので、業績の改善に直結します。

前出のブランド論の第一人者であるデービッド・アーカー氏が、ブランドによってもたらされる価値をいくつかの要素で表現されていますが、そのうちの二つについて、その「社内版」を考えると良いでしょう。

その二つとは「情緒的便益」「社会的便益」です。

「情緒的便益」とは、そのブランドのものを購入したり、使用したりすることで得られる感覚のことを指します。購入までのプロセスを有意義に感じるなども含みます。例えば、フェラーリを運転して興奮を感じたり、ロマネ・コンティを飲んで最上の幸福感を覚えたり、リッツカールトンに泊まって世界最高のサービスに至高の満足感を得る、といったことです。いずれもそのブランドがもたらす他にはない豊かさです。

そして「社会的便益」とは、所属・帰属意識や個人のアイデンティティという感覚をもたらします。「自分はこういう人たちと一緒（仲間）である」「こういう素晴らしい活動をしているグループの一員である」というように、自分には社会的な居場所があるということを定義づけてくれるということです。例えば、ANAマイレージクラブの「ダイヤモンド」ステイタスを獲得したことによって「飛行機で国内外問わず飛び回っているエグゼクティブの仲間だ」と感じたり、スターバックスコーヒーの店舗に入ると、その瞬間世界のコーヒー愛好家が入会する世界的コミュニティの一員であることを感じたり（この「世界的コミュニティ」は架空の集団ではありますが、自らをそのような帰属意識にもっていくことってありますよね？）、というように。

これらの「社内版」を、従業員を「お客様であり、ファンである」と見立てて創りましょう。

自社で働くことで、従業員にどんな気持ちになってもらいたいのかを徹底的に考えるのです。そのために、自社の魅力がどこにあるのか、今従業員は自社のどんなところに良さを感じてくれているのか、自社で働くことでどんな体験経験ができるのか、自社に所属していることで従業員はどんな価値を得られるのか、感じられるのか。

もちろん会社の魅力（価値）を徹底的に言葉にしていくことについて、経営者のみで行うよりも従業員を巻き込み、時間がかかってもここはしっかりと取り組む必要があります。

その前に、経営者自身が元気であること、経営者自身の事業や会社への想いを明確に言葉にしておくことは大前提です。

2. 共感ポイントを常に知る

次に、「共感ポイントを常に知る」ということです。大切なことは、その「ポイント」への共感が、従業員の一丸化につながるかどうかということです。

多くの会社では「理念」を設定しますが、「今期（今月）の目標」「全社キャンペーン」のようなものでも良いと考えます。足元の分かりやすいところから始めて、最終的には理念への共感レベルを段階的に上げることにつなげていきます。

また、多くの会社で課題になっている「トップが言っていることの一貫性」は、共感ポイントとしてはかなり大きな内容になります。

「経営トップや会社として言っていることと、実際にやっていることが違う」という言葉について、耳にしたことがある人、自社がそうだという人、多くおられることと思います。

これは、多くの人がそれこそ共感してくださるのではないかと勝手に思うのですが、「共感ポイント以前の話」です。言っていることとやっていることが一致している状況をつくることは、従業員の共感を得るための大前提なのです。そういう意味でも、敢えて「共感ポイント」として「理念」を設定し、経営者は、そこに如何に共感をしてもらうかを考えていくことが、「言行一致」の実現と「理念」の体現を進めることにつながっていきます。

3. 合言葉を創る

理念を想起させる短いフレーズつまり「合言葉」があると定着に役立ちます。ほんの一言で良いのです。それを、日々仕事をする中や場合によっては休憩中にも使う。例えば「挑戦と知恵によって、社員と社会の未来を切り拓く」という企業理念を掲げている会社があります。理念から導いた合言葉は「それチャレンジしてみよう」です。その合言葉を、仕事中あらゆる場面で使うのです。社内で問題が発生し、どうしても解決して前に進まなければならない。でも誰もアイデアを持っていない。そのうちある一人が「こんなアイデアを考えたんです！」と提案する。これまでであれば、「前例がないからやれない」「時間も費用もかかるからじっくり考えないと」「本当にそれで解決して進めるの？」などの意見で、せっかく出たアイデアがつぶされていたところに、「それチャレンジしてみよう」という合言葉が複数人から出てくる。ベテランからも新人からも声が上がる。思い切って実際にやってみると、紆余曲折はあったものの最終的には課題が解決して前に進むことができた…。そういう例があります。

嘘のようですが本当の話です。日々の合言葉を徹底的に習慣化することで思考に刷り込ませ、日々の仕事の中で常に意識をし、口に出す。やること自体はとても簡単なことです。やれば、やり切っていけば上述のような効果が表れるのです。たかが合言葉、されど合言葉です。結果的に、従業員の思考行動が社内で同じ方向を向いてきます（100％に至ることはかなり困難ですが）。そうなっていくと、従業員が、より仕事に「楽しさ」を見出しやすくなります。働く目的は人それぞれながら「この会社に入ってよかった」という言葉が生まれてくるのです。

理念や経営方針、行動指針などを書いたカードを配布し、いつでも見られるようにしている会社はとても多いです。しかし使われることはほとんどなく、「どこにいったっけ？」となることもあります。制作物はとても大切ですが使われなければ宝の持ち腐れです。作ったり配ったりすることを目的にするのではなく、使うことを目的にするのです。

4．業務に練り込む（環境を創る）

定着に大切なことは「日常の仕事への練り込み」です。仕事をする中で確実に理念（共感対象）に触れる環境を創ることで定着が進みます。

例えば会議。ある会社では、社内のどんな小さな会議でも冒頭で理念を確認するようにしています。そして意見が出た時に「それって理念に照らして考えた時、ぴったりくるかな？　同じ方向（もしくは近い方法）かな？」などと思考と判断の軸にします。そうすると、定期的に理念に触れることもでき、日常の仕事において理念をベースにした意思決定なども行えます。先の「合言葉」にもつながっている話です。

日常の仕事の中で触れる機会を持つことで、大きな浸透の助けになります。

会議がスムーズに進むだけでも、「無駄が無くて、みんなが同じ方向を向いてるのが良い！」という声が次第に増えます。

他方、表彰制度を設ける、理念をイメージした映像をつくる、ブランディングブックを制作する、褒めあうことを促進するためのITシステムを導入するなど。それらはとても素晴らしい取り組みです。しかしいずれも通常の仕事とは別に行うことが多く、続けるため、目にするための仕組みや継続的な努力が必要になります。しかし次第にその動きが悪くなっていくことがあります。そうすると、次第に「やらなくても仕事をするのに影響ないし、止めても問題ないのでは…」という話にもつながってきます。そうならないよう、「単なるイベント化」させないことで大きなチカラを発揮します。

5. 続け続ける（習慣化する）

最も難しいのがこの「習慣化」です。つまり1～4を考え続ける、回し続けるということです。「続けることを徹底して続けていく」ということです。

人間は、一度決めた習慣をなかなか変えられない生き物です。これを心理学では「一貫性の原理」と言いますが、インナーブランディングにおいてこの一貫性の原理は大敵であり、かつ強力な武器でもあります。

誰もが、どの会社もが「行動や思考を変容させ習慣化を試みていること」があるのではないかと考えます。「こうしよう！」とうたうだけでは習慣化はなかなか進みません。実施を企画する側が如何に本気で取り組んでいるかを示す必要がありますし、従業員の習慣化を促進し、それが続いていく仕組み仕掛けの構築が重要になります。

ここは実は「4」と密接にかかわります。施策を業務に練り込んでいくことで、自然に継続をさせるということです。それによって習慣化を図っていくのです。習慣化については、その研究を専門にやられる方もおられるほど奥の深い分野です。ここではその深さに入り込むことはしませんが、「4」のように、日常の仕事の中で浸透の対象に必ず触れる仕組みを作り出すことが、結果としてそれを刷り込むことに大きくつながるのです。

「続け続ける」というとあまり耳にしない表現かと思いますが、インナーブランディングは単に続けるだけでは成功に至ることが困難なこともあり、「上手く行きそう」「上手く行くかも」と思った瞬間から「次にどうやってその状態を維持するか」を考え実践することが大切です（大切なことばかりですが…）。つまり続けることを続け、しかも徹底して続けていくことで、インナーブランディングは成功に向かいます。

これら5つの要素を押さえることは、従業員をファンにするためには欠かせません。一見つながらないようにも思えるかも知れませんが、理念や社内に浸透させたいことがある場合には、言行一致を前提とし、理念などとの接点を増やし、理解を促進し、「少しでも」共感を得ることが重要なのです。

また、一概に「ファン」と言っても全員を「熱狂的なファン」にすることは容易なことではありません。

従業員の100%が自社の熱狂的なファンになってくれたら、それはとても喜ばしく素晴らしいことです。しかし、なかなかそう上手くはいきません。

ファンのレベルは従業員個々に異なっても良いですし、それが自然です。

ミュージシャンのファンを考えてみましょう。「LIVE」があれば毎回必ず行くし、地方公演にも行くし、新曲が発表されたら必ず聴くし、グッズもたくさんもっているし、推しのメンバーのことは幼少期の頃のことから趣味趣向まで知っているという人をファンと呼ぶ一方、『『たまに聴く程度だけど好き』という人」もファンと呼んでいいのです。そう思いませんか？　もちろん全員熱狂１００％を目指して知恵を絞ることも大切なことだと考えますが、それを「すべて」にしてしまうと、目的を見誤る可能性もあるので注意が必要です。

理念に心底惚れ込んでいる従業員もファン、社内の雰囲気が好きという従業員もファン、給料そこそこ良いしみんな良い人だしという従業員もファン、前にいた会社よりはなんとなく良いかなという従業員もファン。

会社が向かう方向に少しでも共感していたり、ほんの少しでも会社に好意があったりすれば、明確にファンだと言ってよいでしょう。

従業員をファンにできれば、インナーブランディングは加速度的に進んでいきます。

第４章

インナーブランディングを定着させる

＼／ウサギとカメ、どっちがいい？

知らない人を探すことの方が難しいかも知れないイソップ寓話の「ウサギとカメ」。この話は、インナーブランディングを語る上で重要な学びがあります。

むかしむかしあるところに、ウサギとカメがいました。

ある時、歩くのが遅いことをウサギに笑われバカにされたカメは、どちらが山のてっぺんまで早く辿り着けるかという勝負を持ち掛けました。

いよいよ勝負の日、位置について…よーいどん！　でウサギが先に飛び出すと、どんどん先へ進み、あっという間にカメは置き去りに。ウサギはカメとの距離を広げました。

ウサギはしばらく走った後にふと振り返り、カメがあまりに遅かったので、ひと休みをしました。しかしちょっと休むつもりが、うとうとと眠り始めました。しばらくして目を覚まし、走ってきた方角を見てもカメの姿が見えないので、「まだここまで来ないのか。余裕だ」と、ウサギはゴールを目指して再び走り出しました。

しかしウサギがゴールで見たものは、山のてっぺんで先にゴールしていたカメの大喜びしている姿だったのです。

カメは、ウサギが居眠りしている間も歩みを止めずに着実に進んでいたのでした。

この話は、「油断大敵」ということを意味として伝えられていますが、これはウサギ目線での教訓です。

お察しの通り、ウサギとカメでは視点が異なっています。

ウサギは何を見ていたのでしょうか。ウサギは、カメを見ていました。カメとの勝負に勝てばよいと考えていました。最終的にカメを抜いてゴールすればいいんだと。だから、歩みの遅いカメに油断をしてしまったのです。

一方、カメはゴールを見ていたのです。カメがウサギを見ていたら、昼寝をしているウサギを見て、自分もちょっとくらい休んでしまったかもしれないわけです。ところが、カメは眠っているウサギを横目に歩き続けました。

この物語が伝えようとしていることは、目的が何であるのかを見定め、その目的を果たすことが如何に大切なことであるかです。相手が誰であれ、目的を果たすことに主眼を置くべきだと。

カメがウサギとの競争に勝つという結果は、カメが「ゴールする」という目的を果たそうとしていたからこそ得られたものでしょう。

さて、このお話はインナーブランディングの分野にも当てはまります。成果を出すことを焦るあまり、せっかく策定した施策を「結果が良く分からない」と数か月で止めたり、インナーブランディングそのものを「意味がない」と取り組まなくなったりする経営者もおられます。大変もったいない行為です。私自身も経営者ですし、気持ちは分かります（しかも私は気が短いので余計に…）。

インナーブランディングの推進には時間がかかることをしっかり理解しておられる「カメ型」経営者は、ご自身が信じたことを愚直に真っ直ぐ実行されています。時間はかかります。しかし、だからこそ従業員の皆さんが、社長の考えや行動に次第についていくようになっています。少しずつですが、その会社では従業員が口にする言葉に変化が生じ、離職率も下がりつつあります。

経営者の皆様は「ウサギ型」が良いですか？「カメ型」が良いですか？

従業員の皆様は、自分たちのボスとして「ウサギ型」経営者が良いですか？「カメ型」経営者が良いですか？

インナーブランディングの施策と「罠」

インナーブランディングを推進するための施策は、100社100様です。「従業員が、自社のファンになる」ための施策は、基本的にどんなことでもインナーブランディング推進活動に該当するので、数限りなく存在し、生み出していけるものです。

とは言え、「何でもよい」となると、施策について想像すらしにくいことも考えられるため、よく行われている施策について取り上げてみましょう。

〈社内報・ポスター〉

社内の部署紹介や活動しているサークルの結果報告などを掲示しているポスターが貼られていたり、定期的に従業員一人ひとりに社内報が配られたりすることもあるでしょう。企業理念が浸透していない会社の従業員の場合、そうしたポスターや社内報を「暇な部署が行っている無駄な仕事」あるいは「利益が出ないのに、どうしてこういう無駄なことをするのか」という残念な視点を持たれていることもあります。

しかし、実はこうした社内報やポスターは非常に有効です。自分とは関わりのない部署の仕事内容を知ることで、自分の仕事を進める際に役に立つこともあります。あるいは、今まで仕事以外は興味がなかった従業員に対しても、サークル活動などを知ることで自分が働く職場としての興味が湧き帰属意識が高まることもあります。

〈従業員向けサイト〉

多くの会社は、お客様や株主向けの公式ホームページ（コーポレートサイト）を持ち情報発信しています。一方、数は少ないですが従業員だけに向けたサイトを持っている企業もあります。こうした従業員しかアクセスできないサイトも有効です（グループウェアも同様です）。

従業員向けサイトを構築することで、従業員が必要な情報をいつでも提供できるようになります。福利厚生などの実際にベネフィットを実感しやすいものもあれば、社内の企画コンテストの結果や、社長からの動画メッセージなどでも良いでしょう。従業員向けサイトを構築することによって、従業員が好きな時にアクセスでき紙媒体に比べていつでも目にできるといったメリットがあります。もちろん自主的にアクセスしない従業員には届かないというデメリットもあるので、社内報やポスターと連携しながら使い分けていくと良いでしょう。

〈社内イベント〉

社内報やポスター、そして従業員向けサイトは従業員が好きな時に企業理念を理解することができ、全国に支社があるような大きな企業であっても従業員に浸透させやすいというメリットがあります。しかし、そうしたコミュニケーションのみでは一方通行になってしまいがちなので、真にインナーブランディングを行うことはできにくいと言えるでしょう。

時には社内イベントなどで経営陣と従業員、従業員同士のコミュニケーションを図ることも大切です。帰属意識を持たない従業員にとっては、仕事以外の理由で企業に時間を拘束されるのはストレスにしかなりませんが、しっかりコミュニケーションがとれていれば、社内イベントも楽しみにしてくれる従業員が増えます。部署やチームごとに定期的な飲み会を開くことも、支社規模・全社規模で社内イベントを開催することも、企業理念を浸透する際には役立ちます。言葉をもって相互に触れる、対話する機会を如何に増やすかが重要です。

〈研修・セミナー〉

会社のことを考える機会として、研修やセミナーの開催も役に立ちます。とはいえ、講師の話を一方的に聴くだけの研修やセミナーは、逆に従業員のやる気をそいでしまう可能性があります。あくまで仕事に役立つ内容の研修やセミナーを通して、そこに、例えば企業理念がどのように絡むのかを考え、どのように自分の仕事に活用するかを考える時間を組込み、従業員自らインナーブランディングを進めていける仕組みを作ることをお勧めします。

〈サンクスカード制度〉

文字通り「ありがとう」に関する施策です。普段何気なく使う「ありがとう」という言葉。この言葉をより際立たせ、意識して全従業員で使おうという制度です。活用の仕方は至ってシンプルです。従業員全員が複写式のカードを持ちます。「ありがとう」と思えた他の従業員の行動に出会ったら、そのことを自身の感想とともにカードに書き込み、一枚は当該従業員に渡し、一枚は人事部門に渡します。渡した側がどれだけの「ありがとう」に気づいたかということ、渡された側がどれだけの「ありがとう」を言われる行動を起こしたかということが分かります。

従業員相互の行動を観察するようになるので、お互いをさらに知るきっかけにもなります。相互の行動の特徴を知ることができれば、どのようなコミュニケーションをとればこれまで以上に円滑に仕事が進められるかが分かってきます。施策として、例えば年間でカードを一番もらった従業員、一番渡した従業員を表彰するということも可能です。感謝の文化醸成に役立ちます。

〈ピアボーナス（peer bonus）制度〉

アメリカでは一般的に行われている人事評価制度のひとつで、従業員同士で報酬を贈り合うことを指します。

サンクスカードと似ていますが、こちらはＩＴツールを使った施策が多いです。社内で「感謝すべきこと」が発生した時などに、システムを利用して、対象の相手にポイントを付与する。そのポイントを半期毎など任意に集計して、「ポイント×単価」

で算出した金額を、ボーナスとして支給する仕組みです。数万円くらいの額になるようにすることが多いようです。

〈その他〉

・商品開発に、外部のプロデザイナーを起用したアドバイザリーボードを配置。外部の厳しい目をくぐり抜けた商品だけを店頭に並べる。それだけ商品に愛情を注げなければ、実際に店頭に並ぶものは開発できない。結果的に会社が何を大切にしているのかを徹底的に考えることになり、それが企業理念浸透につながっている。

・コアバリューの構築と徹底浸透（一年をかけて練り上げた自社らしさをまとめた、企業理念に基づく具体的な行動指針）。カルチャーブックの制作、社内見学ツアーの開催。コアバリューに関しては、作る過程で、従業員の意識が結果的にコアバリューに向いていった。

・製品開発において、「その製品は人間関係を良くするか」「自社のイメージにあっているか」が繰り返し問われる。また、入社時には社内大学で数週間の研修を受け、徹底してブランド哲学を学ぶ。

・徹底した顧客対応マニュアル業務を実施する（全ての内容の意味、目的を同時に徹底的に学ぶ）。

・従業員等の呼称を工夫する。
従業員の呼称を「パートナー」とし、全ての関係者が対等であることを徹底。人材育成についても徹底的に投資をしている（入社時研修80時間。通常飲食店2〜3日）。

・メディア（グループウェア、SNS、業界サイトへの掲示など）を活用し、徹底したコミュニケーション導線の作り込みを実施する。

・理念・行動指針の構築とクレドの作成、クレド実践者への表彰などによる浸透。

・理念徹底浸透のための映像制作をする。

・社内コミュニケーション改善、従業員の自主性向上のための社内企画立案のフレームワーク創設、顧客満足へ向けたスローガンを構築する。

・社内SNSの構築と運用（部署間の連携レベルを上げることで、情報の流れを良くし、良好なコミュニケーションにつなげる）。部活動や趣味のコミュニティなどの設置も積極的に実施する。

これらは施策としては割とよく見られるものです。しかしごく一部です。例えばこれらをベースにして社内でオリジナルの施策を考え出すことができることを考慮すると、いくらでも施策を創り出すことができます。

これらの施策は、過去の実績を振り返っても、やり始めはとても機能することが多いように感じています。従業員も前向きに取り組み「会社を良くするためだ」と目的を常に確認して進めることが多いわけです。しかしながら時間の経過とともに、施策を実施することとそのものが目的となっていき、単に「できた、できない」の議論に終始してしまうことがかなり多いのです。そして施策の主担当者は、「これって自分だけの仕事だっけ？」と懐疑的になりつつ、機械的に進めるだけのものになっていきます。残念ながらそうなってしまっては、施策自体の意味が半減し、「やっても意味が無いな」となり、残念ながら確実に元の状態に戻っていきます（もちろんしっかり成功を収められているケースもかなり多いです）。

インナーブランディングは、「施策の罠」にとても陥りやすいので本当に注意が必要です。

そうならないためにも、経営者や経営陣が本気の姿勢で継続して取り組まなければなりません。

道具はあると便利なもの。しかし…

自分が行きたい場所に向かうとき、歩いたり自転車に乗ったりすることでそれは実現できます。しかし、バスや電車、車を使えば、もっと早く目的地に着くことができます（しかも乗っている間に本を読むこともできます（自分が運転している時はもちろん除きます））。

スマートフォンで動画を観る時、手で持っているより、専用のスタンドを使うと手が空いて楽に観られますよね。

また、IoTも便利な技術です。暑い夏、外出から帰った時にエアコンを点けても、しばらくはモワモワした暑さを我慢しないといけません。しかしインターネットを使ってエアコンの電源をオンにする仕組みを使えば、帰り着いた時には快適な室温になっている。帰宅後の行動がよりスムーズになりますよね。

道具は、あればとても便利で快適さを得られる有り難いものです。

インナーブランディング施策においても、便利な道具は存在します。前出していますが、いつでも目にできるような、言語化した理念や文化・ビジョンなどを書いたポスターや持ち歩けるカード。社内でのコミュニケーションが気軽に取れるチャットシステムや情報を共有するためのグループウェア。社内の誰が何をやっているのか、どんな活躍をしているのかなどをたくさん盛り込んだ社内報。その他色々…。

これらはすべて「目的を果たすため」の「道具」です。道具は目的を果たすために存在し使うもの、ということは誰もが知っています。

1.「〇〇へ行って、ご飯を食べる」という目的を果たすために、公共交通機関や車を使う。

2.「自分の時間をリラックスして過ごす」という目的を果たすために、飲み物やつまみを準備して、すぐに寝られるように入浴も済ませ、録りためたドラマを一気に観る。

3.「家に帰った時、快適に気分よく過ごす」という目的を果たすために、スマートフォンを使って風呂の湯張りをし、帰宅後すぐに入浴できるようにする。

4.「社内に理念やビジョンを浸透させて業績向上の基盤をつくる」という目的を果たすために、社内報をつくって従業員に読んでもらう。

上記1~3は目的を果たすため、誰もが確実に準備をし、必要な道具を使い、しかもその目的を果たしたいという欲求が起きる都度、行い続けることが想像できます。

一方、4についてはどうでしょう? 最初は誰もがしっかり読み込むかも知れませんが、そのうち「興味がある記事」にしか目を通さなくなってくる。社長が想いを込めたインタビュー記事は、「時間があったら読もうっと」と思うものの、仕事を優先していているうちに忘れてしまう…。そんな経験、ありませんか? インナーブランディングを始めた時は、「よし！　会社を良くしていくために頑張ろう！」と意気込んでいたのに、「あれ？　なんかモチベーション上がらない。まあいいか、みんなもあんまりやってないみたいだし」「成果も見えにくいし、なんでやってるのか分からなくなってきたし」などとなってきます。もちろんすべての会社で起きるわけではありません（インナーブランディングに関わらず、社内施策を実施する場合にはよくあることです）。

何故そうなってしまうのでしょう？　必要だとわかっているのに…。

それは、「それが自分ゴトになりきっていない」が最も大きな原因です。自分にとってどれだけメリットがあることなのかというところに起因しているのでしょう。そこにどれだけの「報酬」「快（楽・適）」があるのか？

私自身の、過去6社の会社に勤務し様々な仕事に就いて積んできた経験、独立してから関わらせていただいた会社を含む多くのお客様を見てきての経験からも、そう考えています。

実際「会社からやれと言われているけど、自分の仕事には直接影響しないし、ちょっとだけやっとけばいいかな」「実施したいし、社内報も読みたい気持ちは山々なんだけど、時間取れないんですよ」「最初はいいなって思ったけど、これってやる意味あるの?」のような声も結構あがってきます。すべてが「他人ゴト」になっています。施策を行う「目的」がわからなくなっている、もしくは施策を行うこと自体が目的化してしまっているため、本来の目的に想いが至らず、それが自分の社内での活躍や昇進、給与アップ、やりがいなどにはつながらないなと感じてしまっているのです。

「他人ゴト? それって、自分が悪いの?」という声も聞こえてきそうですが、もちろんそうではありません。実際、会社に所属している場合、目の前の仕事を与えられた役割通りに遂行することが、まずは最も重要です。その対価として給与をいただいているわけなのですから。極端に言えば、それ以外のことはやらなくても基本的には問題はないとも言えるでしょう。「インナーブランディング? 目的はなんとなくわかるけど、ウチの会社、業績も上がってるし社内の人間関係もそんなに悪くないし、仕事の時間を削ってまでやらないといけないのかなあ?」という意見も理解はできます。前述の通り、このように考えることが悪いわけではありません。一方で、考えてみてください。インナーブランディングは、理念の浸透や文化の醸成などを通して従業員のファン化を促進し、会社がもつ無形資産の価値を最大化して、企業を永続的に発展させるためのすべての戦略の基盤たる重要な「経営戦略」の一つなのです。

それが、自分に、自分の仕事にどう関わるのか？　を、徹底的に考える機会がないことが、「自分ゴト」にならない原因だと考えます。

余計な仕事を増やして自分がやるべきことに割く時間を侵食されたくない、という心情になることは想像のつく話ですし、私自身も過去にはそのように考えた時期もあります。しかし、今勤めている会社が、今後必ず生き残るという保証はあるのでしょうか？「この会社で働き続けたい」と思っても、業績が下がれば人員整理を余儀なくされることも、買収されることも、最悪倒産もあるわけです。「従業員だから経営戦略のことは考えなくていい」と思うことがあるならば、少し考え直していただきたいです。経営戦略を考えるのは社長であり経営陣であることは間違いありませんが、それに従って確実に動くためには、戦略を理解し常に意識する必要があります（「経営者の意識で仕事をする」ということではありません）。

そうすることで、自分の仕事はもとより、社内で起きていることについて思いを巡らせることができます。それが自分の仕事にどう影響するかも。それが「自分ゴト」になっている状態であり、インナーブランディングの推進を通して、実現していただきたい姿です。「自分ゴト」は、言い換えれば「主体的に考え動くことができる人」とも言えます。主体的に考え動くことができる人は、道具を道具として捉え、何のためにそれを行っているのか、その目的をも理解しています。

さて、道具と言えば、ビジネスの現場においては「IT」は分かりやすい道具のひとつです。経理・人事・販売などの基幹系システム、Webサイトや社内グループウェアなどの情報系システムなどが存在します。使いこなせればこれほど便利なものはありません。人の手で行っていた仕事を、確実かつ迅速に、さらに効果的に効率的に遂行してくれます。特に社内SNSの仕組みは、社内コミュニケーションに幅を持たせ、普段交流を持たない他部署の従業員とも交流できる有益なITツールです。しかし一方で、十分に活用用途を検討し、盛り上げる要素を設計しておかなければ、そのうち使われなくなり「タダの箱」になってしまいます。せっかく導入してもそのようになってしまっては宝の持ち腐れになりかねません。

施策の目的化が、インナーブランディング推進を阻害し、施策の形骸化を招く大きな原因になるわけですが、社内コミュニケーション用の「ITツール導入」については、特に注意を払う必要があるでしょう。

インナーブランディング成功のための5つのポイント

インナーブランディングを実現しようとすると、かなりの時間を要します。会社の人数規模にもよりますが、最低でも2～3年はかかるでしょう。その間、インナーブランディング成功への熱を、どうやって保ち続けるかが大きな成功要因となります。

成功のためのポイントを大きく5つ挙げます。

〈1．経営者が本気で取り組む〉

インナーブランディング成功のための最も重要、かつ最も優先すべきポイントです。

インナーブランディングは、会社のあらゆる戦略のベースになる経営戦略です。会社の「土台・基礎工事」を完全に部下任せで放置する経営者では、インナーブランディングはおろか、そもそも会社経営が上手くいかないでしょう。

また、インナーブランディングを推進していくという意思決定はしたものの、実際は部下に丸投げというケースも良くある話です。

詳細な実施や運用のフォローについては、部下（現場社員）に任せることが必要かと考えますが、経営トップが自ら旗を振り、現場に任せきりにしないことは、インナーブランディングの成否が決まるひとつの要素としてとても大きなことです。経営者の本気は、幹部社員などを通して伝わっていきます。逆に本気でない場合も社内に伝わっていきます。そちらの方が伝達速度は早いです。

経営者の本気度が、従業員の主体性を発揮させ、「自分ゴト」を促進するためのエネルギーになります。

〈2. 文化の「醸成と変化」の融合〉

「不易流行《ふえきりゅうこう》」という言葉があります。俳人松尾芭蕉が俳句を詠むときの考え方としたものの一つです。俳諧には不易（永遠に変わらず人の心を動かすもの）と流行（その時代における先端である新しいもの）とがあり、「不易」は流行（時代時代で変わってゆくもの）に乗った作品の中で普遍性の強いものが残ったものであり、「不易」と「流行」とはそもそも別のものではなく、根本的には一つであるという考え方です。

会社にも同じことが言えます。

会社において、「変わらないもの」とは、「創業の理念（企業理念）」「その会社の果たす使命（ミッション）」です。これが変わってしまっては、会社が向かう方向が定まらず、従業員も混乱し、外から見ても「何をしたい会社なのか？」と見られかねない事態を招きます。最悪、存続にすら影響を与えかねません。

経営理念（経営方針）・商品・サービス、組織の在り方や人材育成の手法などには、時代と共に変化する流行があります。

だからこそ変わらない（変えない）もの、つまり「企業理念」と「変わるもの」が明確になっていれば、仕事をする上での判断に迷うこともありません。企業理念やミッションは、経営者を始め、パートやアルバイトを含む従業員がその会社で働く以上、最低限従うべきものであり、「自分はそう思えない」「考え方が全く違う」ならば、場合によっては自分の考え方に合う会社に転職をすることも必要になるでしょう。

長期的に安定した経営を遂行するためには、その会社の基盤を成す「企業理念」「使命」が必要不可欠です。

そして時代に応じて受け入れられるための「変化」も必要不可欠です。「変えざるを守り、変わるべきは変える」。この二つの要素を両立させることも、成功の大きなポイントです。

〈3．従業員がプロセスを楽しむ仕組みづくり〉

社内で起きることを「自分ゴト」として認識でき、目指す文化が醸成された姿を想像してワクワクできる仕組みを構築することで、少しずつ文化が創られていきます。そこで「インナーブランディングのプロセスを楽しむ仕組み」をいかに創っていくかが重要です。そして、その仕組みも時間の経過とともに見直していくことが必要になります。

そういう意味で、社内イベントを行ったり、アイデアソン（アイデアとマラソンを組み合わせた造語です）を行って企業理念・経営理念や戦略に沿った新サービスのアイデアを募ったり、小さなところでは、会社が一部費用を出す部署内での飲み会（意外にエンゲージメントレベルが上がることも）を行ったりすることなど、楽しさは創り出せます。

何が楽しいか、どうすれば楽しくなるかに、唯一解はありません。従業員向けにアンケートを行い、そこにどんなことなら楽しめるのか？　を問い、楽しめる要素を抽出してから具体策を考えるという方法もあります。

仕組みづくりのコツは、「従業員の思考を自由に拡散させること」です。例えば、経営者が「何でもいいから、理念を浸透させるにあたって、楽しみながら進められる案を出して」とただ言っても、遠慮したり、心の中で利害調整を図って言いたいことを抑えたりということがあるでしょう。「自分の意見や考えを出すことを是とし、出たものについては一切否定しないし、人事評価にマイナスな影響はさせない」ことを明確に伝えることが肝心です。

〈4．従業員の熱意と行動に対する適正評価〉

インナーブランディングは、一朝一夕に実現するものではありません。企業理念・経営理念を理解し、行動に移し、それが成果となって表れるには、相当の時間がかかります。その間、熱意をもって会社を一つにしようと尽力する従業員の行動には、最大限の評価がされるべきです。

これは人事評価をもって報いると、分かりやすく社内の誰もが対象になり得るため、一度設計すると取り組みもしやすいメリットがあります（その場合、アルバイトやパート雇用の方々も対象にする必要があります）。

人事評価には一般的に、大きく「能力評価」「業績評価」「情意評価」の3つの評価手法があります。

それぞれ以下のような意味を持ちます。

・能力評価…業務遂行上必要なチカラ。何ができるか？　という能力をベースにして評価する手法。
・業績評価…売上や利益向上にどれだけ貢献したか。業務成果について評価する手法。
・情意評価…勤務態度や仕事に対する意欲・姿勢について評価する手法。

このうち、インナーブランディング推進活動における評価は、概ね「情意評価」に属します。そして、情意評価は数値での評価が難しいところもあるため、自ずと定性評価となります。項目例としては「インナーブランディング推進施策に真剣に取り組んでいる」「企業理念に沿った行動をしている」「理想の文化として言語化されたものに対する醸成活動を行っている」などになります。

当然このままの項目では点数がつけられないため、細かな行動と点数を連動させるよう設計をします。

そして能力評価・業績評価とのバランスにおいて、従業員の経験年数などをベースに重みづけをするのです。

〈5．自社のミッションを従業員にインストールする〉

企業理念を、いかに日々の行動レベルにまで落とし込むか、習慣化するかが重要です。

「当社のブランドは何を表していますか?」「それを意識していますか?」この二つの問いに明確に答えることができればインストールは完了していると言えると、デービッド・アーカー氏は言っています（出展：「ブランド論　無形の差別化をつくる20の基本原則」デービッド・アーカー著　ダイヤモンド社）。

最初の問いは「その会社の企業理念が意味していることは何かを語れるか」「その会社が社内で大切にしていることは何かを語れるか」「その会社が外に向けて何を約束しているかを語れるか」を指すもの。次の問いは、「日々の仕事を遂行する上での思考・行動・判断の基準になっているか」を指すものと私は理解しています。

確かに、従業員がこの二つの問いに明確に答えられるならば、インナーブランディングは成功したと言えるでしょう。目指すはここなのです。

インナーブランディングの進め方

さて、インナーブランディングの重要性や必要性はここまでの話しでご理解をいただけたのではないかと考えています。

では、どのように進めたら良いのでしょうか?

インナーブランディング実施施策に正解はありません。ただ、進め方は存在します。

大きく以下の流れに沿って進めます。

認知⬇理解⬇共感⬇実施⬇協働

言葉だけ見ると、直ぐに取り組めて、短期的に結果も出そうな印象を持つ方もおられるかも知れません。

「理念については、社員のみんなが結構知ってくれてるし、毎日唱和してるし、社内にポスターも貼ってるし」と言われることもあります。

しかしこれがなかなかの曲者で、従業員数が1万人を超える企業でも、10人前後程の企業でも一定の成果を得るためには2~3年、もしくはそれ以上かかることがほとんどです。しかも一度始めたら、本当に「協働」が実現し、理念や文化が定着して影響し続けるまで、延々と強い意志をもって続ける必要があります。また、文化は時代と共に変化する部分もあります。そのため、同じようなことを一から何度も何度も繰り返すことになるのです。続ける意志や仕組みが必要になるのです。この「強い意志をもって繰り返し続ける」ためには、前述したように「経営者が本気で取り組むこと」が大前提になるのです。経営者が想いを表現し、それを伝えるためにロジックを組んで社内に浸透させていきます。納得感を得てもらいながら従業員一人ひとりの心に落とし込んでいくのです。

では進め方について見ていきましょう。概ね順序は次の通りです。会社によって順序や内容が変わることもあります。

0. 「事業全体、理念から現場の仕事まで」を理解する

1. 従業員調査（アンケート、インタビュー）※場合によっては社員個々のパーソナリティを知るための診断を実施することもあります。

2. 現状把握（問題発見）

3. 課題設定

4. 理想の「あり方」設定（理念に基づいた「仕事と向き合う姿勢」）

5. 言語化（企業理念、理想の文化など

⬇ 現場社員が仕事の遂行に落とし込めるレベルまで掘り下げます）

6. 施策立案（必要に応じて社内広報・業務改善・人材育成施策・人事評価制度なども同時に考慮）

7. 自分ゴト化、習慣化、施策継続

8. 従業員調査（アンケート、インタビュー）※効果の定点観測

一つずつ見ていきましょう。

認知・理解、そして共感へ①

0.「事業全体、理念から現場の仕事まで」を理解する

まずは、自分の会社が何をする会社なのかを、再確認します。創業者が、なぜどのような想いで事業を興したのかを知り、理解します。そして、どのような変遷をたどって今に至っているのかを知ります。さらに、現在どのような事業がどのような理由で展開されているのかを知ります。

なぜ、自社の事業のことについて知らなければならないのでしょうか？「理念の理解から始めたら良いのでは？」と思う方もおられるでしょう。しかし、自社の事業の成り立ちについて知り理解することは、理念を理解し、理念に共感する時の「深さ」に大きく影響します。この後「理念と日々の仕事のつながりを明確にする」というステップがありますが、そこでつまずかないためです。「理念と自分の仕事のつな

がりがわからない」状態になると、なぜ理念に沿った行動・思考をすることが必要なのかがわからなくなってきます。ただ単に決めた施策だけを行い、そのうち「理念に沿った行動をしてても、意味無いんじゃない？」となり、次第にやらなくなり、立ち消えてしまうのです。そうなる前に、一見無関係のようですが自社の事業についてしっかりと理解をすることが必要です。

その上で、事業の遂行を通して体現すべき「理念」についての理解を進めます。

ここで、理念について掘り下げておきましょう。このままインナーブランディング推進プロジェクトのメンバーにお知らせしても良いです。

企業理念とは、企業の「あり方の定義」

> **企業理念**
> **創業者の想いであり、企業にとって普遍的な言葉であり存在意義。思考行動判断の拠りどころ**

そもそも企業とは、世の中の人々に対して価値を提供し、喜びを届ける存在です。反対に、お金儲けだけを重視し人を不幸にする組織は、いい企業とは呼べませんし、世の中に必要とされないため、何十年も存続することはできません。

だからこそ企業は、自分たちはどんな存在でありたいのか、何のために存在するのかを宣言します。そういった、企業の「あり方」「存在している理由・目的」の定義が、企業理念と呼べるでしょう。

企業理念は、MISSIONやVISIONなど、様々な表現をされる場合も多いですが、日本語にすると「企業としてどうありたいか」「自分たちが存在する理由は何か」「果たすべき使命」を示しています。特にMISSIONに注目してみると、あり方や大きな目的を定義した言葉であることが多く、わかりやすいかと思います（ちなみにVISIONは、「MISSIONを具現化した目に見える姿（売上規模や社員数、拠点数など）」と捉えると分かりやすいでしょう）。

経営理念とは、企業の「経営の方針」

経営理念
時代や経営者によって変化する企業経営の方向性（経営方針と表現することもあります）

企業理念と混同されがちですが、経営理念とは経営をする上での方針。つまり、その時代に沿って経営上どのような目標を定めるか、その目標に向けてどんな方向に動くのかを定めた言葉です。ですから、経営者が変われば経営の方針も変わり、経営理念も変わる可能性があります。

「成長をいかに続けるか？」という観点も含まれるため、事業や顧客、利益の拡大を続けるための方向性を示した言葉となる場合が多いです。

ここまでそれぞれの定義を説明してきましたが、実際には企業理念と経営理念を意識して使い分けている企業はそこまで多くありません。多くの辞書でも、それぞれの言葉の用法は明確に分けられておらず、実は定義があいまいな言葉なのです。

それでも、大切な理念に用いる言葉だからこそ、それぞれの役割をはっきりさせることは重要です。意味や目的を定義する企業理念と、手段や方針を定義する経営理念。違いをはっきりさせて、よく検討することをおすすめします。

一つ、ある会社の理念をみてみましょう。

〈ジャパン建材株式会社　様〉

こちらの会社は、外部の人にも分かりやすく企業理念を説明しています。

また、従業員に対しても分かりやすいものになっていると考えます。

企業理念から社訓までが、つながっている印象です。同社が80年続くひとつの大きなポイントだと思います。

PHILOSOPHY　企業理念

《企業理念》…　会社の使命
快適で豊かな住環境の創造
《宣誓文》…　企業理念を実現するために、社員ひとりひとりが約束すること
私達ＪＫグループ社員は
一、すべての人々の幸せのために
快適な住まいと豊かな暮らしの実現に挑戦します
一、すべてのパートナー様と共に成長発展するために
常に感謝の気持ちを忘れず信頼関係を大切にします
一、共に働く仲間のために
互いに学び 夢を語り 笑顔あふれる明日《あす》を目指します

《行動指針》…　企業理念を実現するために、どのように考え、行動するかという基

本方針

「住」道

1. Jump 研鑽

●自分自身で能力や可能性の限界を決めつけず、常に汗をかき、勇気を持ってより高いハードルを設定し、それを越えるべく自分を磨き続けている。

●苦労を惜しまず、こつこつと地道に自分の知識レベル、スキルを高めている。

●謙虚で貪欲な姿勢であらゆることをあらゆる人と学び、あらゆる人と自ら学んだことを共有している。

2. Appreciation 感謝

●今、自分が仕事をできているのは周囲の人からの支援や協力があるからこそだと認識し、常にお蔭様の精神ですべての人を尊重し、感謝の気持ちを持っている。

●全社最適の視点で、組織の枠を超えて、仲間や関係者との連携を重視している。

●気配り心配りを常に心がけ、感謝や尊敬の気持ちを日頃の挨拶や会話の中ではっきり相手に伝えている。

3. Passion　情熱

●現状に慢心することなく、あらゆる手段を尽くして挑戦し続け、日々成長し続けている。

●指示を待つのではなく常に主体性を持って率先垂範で新たな流れをつくっている。

●常に前向きで熱い気持ちを持って、職場の仲間や仕事上の関係者の士気を高め、良い影響を与えている。

4. Action　先陣

●常に整理整頓を心がけ、いつ何時も次の仕事に取り組める状態でいるようにしている。

●アンテナを高く世の中のお客様のニーズを素早くキャッチし、変化に柔軟に対応することで誰よりも早く先手を打っている。

●生産性向上を意識し、常に仕事のやり方を見直し、より効果的・効率的な仕事の進め方をしている。

5. Never give up　覚悟

●自らの仕事の究極の目的や本質的な意義を十分に考え、理解している。
●取り組んだ仕事は、気概を持って不屈の精神で最後までやり遂げている。
●あらゆる事象も他責にせず自責で考え、甘えを捨てて自律的に考え、行動している。

《社訓》…　創業以来変わらず守り続けている事
企業は人 人は心 心磨いて賢者たれ
賢者は全ての人に学び 愚者は経験のみに学ぶ

大切なことは「この会社で働く自分たちに必要な言葉は何か」を明確にすることです。

人に役割があるように、言葉にも役割があります。それぞれの役割を意識することで、人も言葉も、最大限のパワーを発揮できる。そんな組織が増えることを願っています。

先に書きました通り、松尾芭蕉によると、ものごとは不易と流行から成り立っているわけです。

「不易を知らざれば基立ちがたく、流行を知らざれば風新たならず」と、芭蕉は説いています。

これは、「不変の真理を知らなければ基礎が確立せず、変化を知らなければ新たな進展がない」という意味を表します。

基本があるから応用があり、基礎があるからその上に建物が建つ、基礎練習があって初めて競技そのものが上手くなります。

この考え方は、企業が成長するにあたり、非常に重要なものであることはお分かりかと考えます。企業には、業績を伸ばし、永久に存在し続けるという「ゴーイングコンサーン（継続企業の公準）」という考え方が存在します。「会計公準」という、企業会計における憲法のような存在の中のひとつです。

では、企業が永続的に存在し続けるために必要なことは何でしょうか？

人（従業員）の存在であり、加えて経営の根幹をなす「理念」の存在ではないでしょうか。経営資源として「ヒト、モノ、カネ、情報、時間、知恵」が挙げられますが、それらを企業の永続発展につなげるためには、基礎・土台としての「理念」が必要だと、強く思います。

著名な大企業が倒産したり、不祥事を起こしたりとのニュースを目にしますが、「ああ、きっと理念が全従業員に染みわたっていないんだなあ」と思います。もちろん理念が全てではありません。理念がない、あっても言葉として表現しただけになっていることが、大きな原因なのではないでしょうか。土台がしっかりしていないから、上物がぐらつく。最悪は倒れてしまう、ということです。

「不易流行」は、企業を長期的に発展させることにつながります。名経営者と言われる方々は皆、「想い」をとても大切にされています。「なぜ我々は存在しているのか？」を。創業時の想いだから、その方々の言葉は我々の心に届きます。その「なぜ？」の答えが「不易」つまり、普遍的なこと・変わらないことにあるのです。

その「不易」が存在する上で、移り変わる時代、その流れに沿った「流行」を乗せていく。しっかりした土台があるから、その上に乗せるものが変わっても、立っていられるわけです。

ブランディングとの関りで表現すると、インナーブランディングは、「不易」を染みわたらせ、従業員を会社のファンにすること、アウターブランディングは、時代に合わせて「流行」を外に向けて発信し、ファンづくりをすること、となるでしょう。

そして「不易」の考え方や想いが多くの人に伝わり浸透すれば、社内外問わず長期的なファンになってもらえる可能性がグンと増します。それが離職率の低下や売上の向上に寄与することは明らかです。

そして、その企業の根っこにある「不易」がブレなければ、ファンは離れていかないでしょう。その企業がもつ「らしさ」が社内外のファンに伝わり、その「らしさ」があるからこそ味わえる、その企業ならではのサービスや体験、その企業でしか買えないものが、ファンをさらにファンにしていくのです。
だからこそ「企業理念」「経営理念」は、企業経営において、とてもとても重視すべきものなのです。

認知・理解、そして共感へ②

1. 従業員調査（アンケート・インタビュー）

2. 現状把握（問題発見）

現状を知らないまま施策を行っても、その施策は問題の解決に全く寄与しません。そうすると、時間も費用も無駄になりかねず、関わった従業員の士気も下がってしまいます。調査をして現状を把握することは、適切で的確な施策や対応をしていくための重要な要素です。

従業員調査は、アンケート部分とインタビュー部分で成り立ちます。そのいずれも、どのように設計するかで把握できる内容の精度が変わってきます。

まずアンケート部分の設計ですが、何を知る必要があるのか、何を問えばどんなことが分かるのかを考えます。アンケート実施の目的、問いの総数、択一式と記述式の問いの数のバランス、択一式の問いにおける選択肢の数。そして集計集約分析にどれくらいの手間がかかりそうか。どんな形式で結果を表し、社内に報告するのか等を具体的に検討します。

実施目的は、「理念浸透や業務品質向上、意識向上、競争力のある文化・風土をつくるための施策を設計する素材を集める。そのために、従業員の行動実態とそれを支援する仕組みに関して、現状の問題点を抽出すること」です。

問いの数は、当然ながらあまり多いと回答する側の負担になりますし、少ないと必要な情報が得られません。30～35問くらいで、15～20分くらいで回答できるものが良いでしょう。

択一式と記述式のバランスは、択一式30問、記述式5問くらいが良いと私は考えています。

集約して分析するのは、なかなか骨の折れる作業ですが、ＩＴツールを上手く使えば比較的容易に行えます。

Googleフォームなどを使えば、特に択一式の問いは自動集計してくれるので便利です。

アンケートが終わったら、その結果にもとづくインタビューを行います。ここの人選は、社歴や部署など網羅的に行います。「良い意見を出してくれる人」「良く話す人」を中心に選ぶと、偏った結果になる可能性があります。インナーブランディング推進プロジェクトを組成している場合は、プロジェクトメンバーへのインタビューで良いでしょう。プロジェクトメンバーが数十名になるような規模であれば、数名ずつの座談会形式で行うことも良いです。

インタビューは、対象の従業員のアンケート結果をもとに、深堀をして話を聴いていきます。「どのような気持ちでそのように回答したのか?」「本音は?」など、主に心理・感情面にスポットライトを当てた聴き方をします。

心理状態・感情は、行動に大きく影響するためです。

アンケートの集計、インタビューが終わったら、レポートの作成をします。ここで現状の把握をします。「社内で何が起きているのか?」「従業員はどう考えているのか?」「会社のことをどう思っているのか?」などをまとめます。そして問題点をピックアップします。

そこまで終えたらプロジェクトメンバーを始め、社内にフィードバックします。インナーブランディングに限りませんが、社内でとったアンケートやインタビューの結果について、まとめをして社内に公表する機会を持たない会社が多いのですが、このインナーブランディング推進においては確実にフィードバックすることが大切です。

認知・理解、そして共感へ③

3. 課題設定

現状把握ができたら、次は課題設定です。

まず、「問題」と「課題」の違いを定義します。

問題は、「果たしたい目的やありたい姿への道を阻害する事柄」、課題は、「その問題に対しての解決への具体的な取り組み」とします。課題を設定し、実際に行動することで問題を解決します。

アンケートやインタビューによって現状を把握し問題点をあぶりだしたら、次は問題解決のための課題設定を行います。

問題のない組織はおそらくないでしょう。解決したと思っても、それが表面的なものであれば、また同じような問題が噴出しますし、経済環境が変わったり、組織を構成する従業員が入れ替わったり、ビジネスモデルが変わったりすることで、これまでとは異なる問題が発生します。

その問題点の中で、インナーブランディングの観点から解決すべきものを課題として捉えていきます。

課題設定の仕方については、多くの先達が素晴らしい書物を出されているので、そちらに譲ります。

この課題設定とその優先順位付けは、少し時間をかけた方が良いと考えます。そこを間違えると、大きな手戻りが発生するためです。

ただ、この課題設定について、私は進化が必要だと考えています。課題設定から解決策の立案の段階で「問題が起きる原因」について深く考えることが必要になりますが、「人」が介在して起きていることを課題として設定すると、ほぼ間違いなく「誰が悪い」という議論になります。そうなると、やはり人間ですから感情が表に出てきます。そしてその感情が、解決できるものをできなくしてしまいます。そうなると、誤った解決策を導き出しかねません。そこで、起きている問題や課題設定のことは脇に置いて、解決した先の姿を徹底的に考え、可視化します。あるべき姿だけを徹底的に考え実行します。ソリューションフォーカス・アプローチです。そうすることで、解決までの時間が短縮できる可能性が増すばかりか、問題として捉えていたことが、いつの間にか解決していたということもあるのです。

認知・理解、そして共感へ④

4．理想のあり方設定（理念に基づいた「仕事と向き合う姿勢」）

これは、「課題設定」と同じタイミングか少し前で考慮する内容です。

理念に基づいて実現したいあり方を具体的に表します。言語化をしていきます。すでに言語化された「あり方」がある場合は、それに沿って次のステップに進みます。何でもそうですが、イメージや口頭で表現するだけでは、脳が認識をしません。脳科学では、文字にして視覚に訴え、声に出して読み聴覚に訴えることで、「認識」ができると考えます。

この理想のあり方については、経営トップが決めることも多いのですが、できれば経営トップを含むプロジェクトメンバーや、従業員数が少なければ全員で考えていただきたいところです。インナーブランディング推進においては、いかにすべてを「自分ゴト」にしていくかが大きなポイントです。

深い共感を得る

5. 言語化（企業理念、経営理念、理想の文化など➡現場社員が仕事の遂行に落とし込めるレベルまで掘り下げます）

企業理念については、すでに言語化されている会社が多いですが、経営者の代替わりや大幅な事業転換を図るタイミングなどで改めて設定したいというケースも少なくありません（意味を変えずに言葉を変える）。企業理念については経営トップを対象に、事業への想いを、十分に時間をかけてヒアリングし、できるだけ一文で表現できるようにします。長くなったり数が多くなったりすると、最も大切なことがぼやけてしまいます。理念を表現する言葉は抽象度が高くても構いません。意味するところを経営トップが説明できれば問題ありません。そこでは従業員がその意味内容を誤りなく理解し共感できることが肝になります（経営理念もそれに準じて言葉にしていきます）。

そして理想の文化を言語化します。理念に基づき、社内がどんな文化で満たされたら結果的に理念を体現できるのか、こちらも十分に時間を割くことが必要です。企業規模やかける時間、それまでの文化醸成の取り組みの有無などによっても異なりますが、弊社では3か月から半年はかけていただいています。それだけ大事なことなのです。

【事例】過去全日空では、ANAらしさ、顧客満足度の向上などを目的としてインナーブランディングの推進を選択。社長直轄の従業員で組成したプロジェクトにおいて、半年をかけて「あんしん　あったか　あかるく元気」という言葉を導き出しました。

この理想の文化の言語化は、プロジェクトメンバーつまり従業員発信で行うことも重要です。理念との結びつき、日々の自分たちの仕事との結びつきを明確にするためには、経営トップ・経営層が決めたものに従うというやり方だけでなく、自分たちのチカラで創っていくことも大切です。自分たちの会社は自分たちで創っていくという姿勢を整えることが、言語化の過程で醸成されていき、結果として自分たちの理想の文化としてできあがっていくのです。

共感をさらに深め、浸透させるための実施施策立案

6. 施策立案（社内広報・業務改善・人材育成施策を含む）

企業理念や理想のあり方が決まったら、それを浸透させていきます。

「インナーブランディングの施策と〔罠〕」で施策例をいくつか記載しました。もちろん記載している施策は一例であり、決まった型があるわけではありません。自社に合った施策を自由に創造してみてください（それが一番難しいことですが…）。それらの施策を真似て行うことも明確な実施目的を持つことができれば、問題ありません。弊社でもお客様に対しては新しい施策を講じることもあれば、他社で実施したことと似た施策を提案することもあります。また、実は新しい施策は必ずしも行わなくても

よいのです。すでに社内において取り組んでいることがあってそれを流用可能であればそれで良いのです。とかく新しいプロジェクトを立ち上げると、新しい施策を考え実施しないといけないと考えてしまいがちですが、現時点で動いていることとの関連や流用を考えないと、「施策祭り」となってしまい、結局どれも完遂できずに途中で消え去ってしまうことになってしまいます。ありがちなことです。

また、施策立案のタイミングで業務そのものの見直しをすることで、浸透のための環境づくりをすることも可能になります。

社内の業務遂行においては、効率化の観点からＩＴが用いられることが多いわけですが、可能な限りＩＴ化することで作業レベルの仕事を簡素化し、建設的なコミュニケーションと対話の時間をできるだけ多く創り出すようにします。これからの時代、より高い「価値」を創出することが重要であることを考えると、そのための時間はとても貴重なものになります。

実施、ひたすら継続して実施

7．自分ゴト化、習慣化、施策継続

施策を立案したら、次は実行です。プロジェクトのスタートからここまでで、半年以上かかっていることもあります。気の短い経営者であれば、そろそろ結果を…と思われるかと思いますが、ここで焦ってプロジェクトメンバーに「何をやっているんだ！」と声を荒げてしまうと、せっかく積み上げてきたものが一気に崩れてしまいます。「任せるって言っておきながら、結局社長自らでやりたいんじゃないか。じゃあ自分でやったらいい」そう言ってやる気を失くしてしまう従業員を何人も見てきました。一方、経営トップとしてはプロジェクトの進捗が気になるのは当然のことです。投資という位置づけでスタートをした以上、見える効果は必須です。従業員側としては、時間がかかることを認識把握したうえで、スケジュールを意識して具体的な施策実施にあたっていくことが必要です。

長期にわたるからこそ、ある程度のマイルストーンは置いておきましょう。
前置きが長くなりましたが、大切なことなので敢えて書きました。

施策が決まったら、ＫＧＩ（Key Goal Indicator：目的を果たせたと判断するための指標）を決めます。「〇〇という言葉が良く使われている状態」「仕事上の判断を、理念をベースにすることが習慣となっている」「従業員の笑顔が格段に増えた」などです。何のためにやるのか？　ということの指標です。

また、インナーブランディングの場合は定量的なゴールを決めることが難しく、結果との因果関係が明確にしにくい側面がありますが、「離職率の低下」「社内アンケート結果（定量的判断可能なもの）の向上」「生産性の向上」といったゴールは、測定が可能であり、成果として用いられることが多いです。

ＫＧＩが決まったら、各施策のＫＰＩを決めます。
巷では「ＫＰＩ（Key Performance Indicator：目標達成の指標）」ばかりが注目されていますが、ＫＰＩはＫＧＩを達成するためのマイルストーンとして、各施策の実施評価指標として据えることが妥当です。

つまり、各施策におけるＫＰＩの達成がＫＧＩの達成につながるということです。ＫＧＩを達成するための複数の施策が全てＫＰＩを満たしたときにＫＧＩが達成されるということです。


あとは愚直にやるのみです。

ここで大切なことは、やり始めたら一定の成果が出るまで辞めないことです。「言語化」と同じくらい重要なことです。

業務が忙しく、やると決めたものの後回しにすることは良くありますが、「忙しい」を理由にしていると、残念ながらいつまでも「他人ゴト」のままとなり、従業員が自社のファンになることも叶わなければ、理念の体現に向けての活動も中途半端になる可能性があります。

そこで必要になってくるのが「習慣化」です。さらには、人事評価基準に加えるという方法を採ることもあります。

最初のうちは、「評価されるためにやる」でも良いと私は考えています。それを続けていくことによる「習慣化」効果を狙うのです。

そして、習慣化によって理念浸透や文化醸成に関わるモチベーションを不要にしていくことも重要です。

実施をし続け、協働を生み出すための振り返り

8. 従業員調査（アンケート、インタビュー）※効果の定点観測

インナーブランディングは、その効果が明確には見えにくいため、半年および一年毎にアンケート調査を実施し、前回・前々回との差がどうなっているか、結果がどのように推移しているかを把握することで成果をチェックしています。

アンケートはできるだけ毎回同じ項目で行い、比較がしやすいようにします。また、アンケート設計でのポイントは、択一式の問いだけではなく、フリー回答ができるものも準備することです。使う言葉がどのように変化しているかを捉えることができま

す。

これまで述べた進め方はあくまでスタンダードなものであり、状況に応じてオリジナルな進め方を考案しても良いと考えています。大切なことは、続けることと、習慣化し変化することです。

ファンが企業を創造していく

「BtoF」という言葉を耳や目にしたことはありますでしょうか？「BtoBやBtoCなら知っている」という方は多いかと思いますが…。

BtoFの「F」は、「ファン（Fan）」を指します。つまり、「支持者や愛好者に向けたビジネス」ということです。

マーケティングの世界では「ファンマーケティング」が注目されています。

多くの消費者を対象としてアプローチし、購入等の候補者母数を増やしていくのではなく、自社の製品やサービスを好んで購入等してくれる消費者を対象とし、その層に対して中長期的に継続して購入等してもらうよう促進する手法のことを言います。

ここで大切なことは、一度や二度程度選んでくれる消費者は、その会社の製品やサービスに魅力を感じて購入等してくれる側面があるわけですが、「ファン」は違います。ファンは製品やサービスに魅力を感じるだけでなく、それがつくられた背景や企業努力などまで知り、共感を覚えるのです。さらにはその企業の理念にまで踏み込んで理解をしようとします。まさに心酔しているのです。熱狂的になるからこそ選び続けるのです。

前出のGACKT氏の例もそうですし、TDR（東京ディズニーリゾート）はその典型です。ファンである限り永遠に応援し選び続けるのです。

会社側も、製品やサービス開発のためにファンの意見に耳を傾けることがあります。ファンと共に会社を成長させる試みです。このようにファンを獲得できる会社はやはり強いです。

もちろんファンマーケティングは「会社の外」のファンに対するものですが、社内に自社の製品やサービスのファンがいれば、会社の外の消費者への訴求力も格段に向上します。本当に良いと思い、本当に好きだからこそ熱を込めて提案できるし、発信もできます。自社の訴求する外向けのブランドについて、それを十分に理解共感している従業員が外に対して伝えることができれば、理解共感していない従業員が伝えることに比べ、その伝播力がいかに大きくなるかは容易にお分かりかと考えます。

ご自身が所属する会社が提供している商品やサービスが大好きで就職をした方、創業者に憧れて好きで就職した方、会社の文化が肌に合っていると心底感じて就職した方であれば、その意味するところをお分かりいただけるのではないかと思います。

外向けのマーケティングについては、多くの会社が取り組まれていますが、社内向けに行っている会社はまだまだ少ないです。だからこそ今取り組むべきです。経営資源が潤沢だと言いにくい環境にある中堅中小企業はなおさらです。インナーブランディングは社内向けマーケティングの要素も持っています。ここに着目し、取り組んでいる会社はやはり大きな成果を挙げています。

大きな費用をかける必要はありません。

大切なことは、普遍的に守っていくべき自社の企業理念であり存在意義の浸透です。

そして時流に沿って柔軟に変化させるべき経営理念（経営方針）の浸透です。企業理念という大きく太い矢印の内側に、所属する従業員の人生方針や想いや感情の矢印を、いかに入れていくか（従業員一人ひとりの「働く目的」については問いません）、すなわちいかにファン化するかについての活動を、習慣化するまで継続することがとても大切です。

それが、会社の未来創造には欠かせない要素になります。

第5章

事例紹介

株式会社ヒューマンフォーラム

お話を伺った方

代表取締役会長　出路雅明さん

それは出路さん（創業者。現会長）が27歳のときのことでした。当時勤めていたアパレル会社を辞めたのです。辞めた理由は…。

その前に、出路さんがなぜこの会社に入られたのかを簡潔に紐解いていきましょう。

出路さんはパンクロックが大好きで高校時代にバンドを組み、ヴォーカルを担当していました。楽しくもあり自分を解放できる時間でもありました。

しかし、バンド活動を続けていくためには練習スタジオ代が必要です。売れないLIVEともなればチケットを手売りしなければならないわけです。売れな

case

01

■株式会社ヒューマンフォーラム
https://www.humanforum.co.jp/
設立：1997年1月
従業員数：約400名（2023年7月現在）
店舗数：SPINNS 63店舗、森 1店舗、mumokuteki 10店舗
（2023年7月現在）
お話しを伺った方：代表取締役会長　出路雅明さん

かったら自腹を切ることになり、その備えのためにもお金が必要になります。そこで始めたのがアパレル会社でのアルバイトでした。それも自分が好きなパンクファッションを展開する会社でした。

当時パンクロックをやっているのは、いわゆる「やんちゃな男子」がほとんどで、出路さんも周囲からそう見られ言われていた一人でした。

そして時が過ぎ、高校卒業と同時に出路さんはその会社に入社。「拾っていただいた」それが入社時に出路さんが抱いた想いです。

その想いを胸に、一生懸命働きました。入社後、3人の素晴らしい上司に育ててもらうことになります。どんどん仕事を任され、海外に古着の買い付けに行くことも多くなり、充実した日々を送ります。良い仲間にも恵まれ絆も育みました。順調に出世もし、全てが上手く行っていました。しかし、同時に自分自身の「エゴ」がしばしば顔を出すようになるのです。昇進を意識し、仲間よりも自分を前に押し出すようになり、次第に仲間との間に溝が生まれ、それが広がっていくのを自分自身感じるようになっていました。ハッ

キリものを言う出路さんは、社長にも意見をするようになり、恩人と慕っていた社長との間にも亀裂が生じることになります。

そのうち、仲間からはいわれのない中傷をされ、一人、また一人と自分から離れていく。そんな中で自分自身のやる気も失っていったのです。

そして27歳の時、とうとう会社を辞めることになりました。それも、逃げるように…。

当時出路さんにはうつ病の症状が出ていて、会社事務所のドアを開けようとする手が震えることもあったそうです。

「怖かった」んですね。

独りになる恐怖を感じつつ、信頼していた仲間を失い、仕事も失う。「どうやって生きていこう…」途方に暮れる出路さん。失意の毎日でした。

しかし落ち込んでばかりいられません。「古着屋であれば経験もあるし、小規模なら自分だけでもやれる。」そう思った出路さんは、ワゴン一台の古着屋をスタートさせました。たった独りでの出発。

その時設立されたのが、株式会社ヒューマンフォーラムです。「ロック魂で超前向きに起業されたのだろう」と思われる方も多いのではないかと思います。しかし実はその逆なのです。

本当に信頼し合い、仲の良かった仲間を失った時の恐怖が頭を離れず、「その時のような想いは二度としたくない」という想いで会社を始めたのが本当のところなのです。

自分のエゴを認識できなかったことは、その後の経営に大きく影響することになります。創業者の原体験は、そのまま経営に反映するのです。「株式会社ヒューマンフォーラム」その社名には「素晴らしき仲間の集い」という想いを込めました。

その一方で、「社員は増やさない。仲間は増やさない。あまり大きくしない。のんびり楽しくやれたらいい。」という方針を打ち出して経営を続けていきました。しかし出路さんの思いに反し、社員は増えていきました。仲間は増えていったのです。

そして、ある時期、同社は倒産寸前まで追い込まれるほど業績が落ち込みました。創業時の想いとは裏腹に、完全にカリスマとして君臨し「俺についてこい」経営になっていたのです。

色々な経営手法や人事評価制度を試し、あらゆるセミナーにも参加されて必死に勉強もしたものの、それは業績の回復にはつながらず、ついには身体を壊してしまいます。

心身共に憔悴し、遠くを見つめる日々。そして病床であることを思います。

「もう…どうなってもいいや!!」

この言葉、文字だけを見ると下向きな「あきらめ」のようにも思えますが、そうではありません。前向きな「開き直り」の境地です。詳細は「ちょっとアホ理論」(出路雅明著/現代書林)を是非お読みください。

そしてその境地は「ちょっとアホ」という言葉につながっていくのです。「ちょっとアホ」になり、どんな状況であってもそれを楽しむこと、そして仲間に喜んでもらう仕事をしていくことが、自分自身も社員も希望をもって前に進むことができる大きな力になると気付き、言葉通り「開き直って」、驚異のV字回復を成し遂げたのでした。

理念浸透を進めるようになったのはそれからです。

その後、「ちょっとアホ」を実践しつつ思考を巡らせながら経営のスタイルを変化させていきました。

出路さんは、なぜ「理念」を大切にされたのでしょうか？

出路さんの過去の苦い経験は、「仲間を大切にしたい」という想いに昇華し、社名に込めた想いに多くの人が共感し、共に働きたいと考えたのだと思います。トラウマとも呼べる経験があったからこそ、仲間と呼べる人たちとの関係をどうつくり、その中で出路さん自身はどう関わるのかを真剣に考えることができたのです。怖さを覚えたからこそ、自分自身のエゴと向き合うことができたのです。そして葛藤の中で経営を続けたからこそ、結果として理念に強く共感する多くの仲間を得ることにつながりました。

出路さんは「人は心だ」と言います。良い会社をつくろうというよりも、ヒューマンフォーラムに仲間となる人が集ってくれたらいい。そして、気が付いたら成長して「腕が上がって」いる、気が付いたら変容して「心が磨かれて」いる、従業員自らが楽しいなと言える場であればいい。そう考えています。

そういう出路さんだから、創業時の想いを出路さんご自身がとても大切にし、アルバイトを含む全社員にしっかり熱く伝え、それが伝わっているのです。

さて、そんなヒューマンフォーラム社は、理念や出路さんの想いが伝わる仕組みを構築してきました。とてもユニークなもので、まさにインナーブランディングそのもの。つまり「どうやって関わるみんなをファンにするか」です。アルバイトを含む全従業員が、同社が展開するアパレルブランド「SPINNS」のことが大好きであり、ひいてはヒューマンフォーラム社のことが大好きなんですね。

複数の店舗に足を運び店員さんに話を聴くと、異口同音に「SPINNSというブランドも好きだけど、会社も好き」という言葉が返ってきました。これは現場だけでなく管理部門でも同様です。

アパレルを始めとして、スポーツ用品や文房具、時計や車、アプリや飲食など「扱っているブランドや商品、サービスが好き」という想いで就職先を選ぶ人はとても多いですよね。そのブランドや商品、サービスに関わることが楽しく、どんな仕事でも喜んで従事する。一方、それらに直接関わらない部門に異動した場合、途端にやる気を失い表情も暗くなってしまうということがあります。「その会社での仕事が好き、その会社が好き」という訳ではないんです。

そういう声は、企業の規模や業種を問わずとても多く、誰もが知る有名企業でも起きている事象です。

話をヒューマンフォーラム社に戻しましょう。なぜ同社の社員・アルバイトは「会社が好き」と言うのでしょうか？　前述のように出路さんの想いに共感しているから？　イヤ、実は言わされているのでは？　インタビューだから「当たり障りのない回答をしよう」としている？　いいえ、彼ら彼女らのその表情を見ていれば、それが本音であることが伝わってきます。「ウチの社員もそうなることができるだろうか？」「何度かチャレンジしたけど、上手く行かない。社員の心を動かすことができない」などの声をあげる経営者の方もおられるのではないでしょうか。代表の出路さんは、一体どのような手法を用いたのでしょうか？　そこにはどんな想いが込められているのでしょうか？

まずはその「手法」について、具体的にみていきましょう。かなりぶっ飛んでます（笑）。

しかしながら、従業員の心を捉えて離さない手法です。

1.「想いありき」社員としての姿勢の持ち方

同社の社員の心を動かす仕組みの根源は、「想いの込められた言葉」にあります。出路さんは、「こんな会社にしたいというビジョンは無い。大切にしたいことがあるだけ。」と言います。だからこそ、その大切にしたいことを社内に伝えるため、言葉にこだわりを持っています。

◆「かっこつけんと地に足をつけて」

これは出路さんの座右の銘です。

「いい人」と「ええやつ」は違う。ええやつは一生懸命生きている、それでいい。素直でいい。金欲しいならそれでいい。地に足をつけていれば。かっこつけんでもいい。社員も同じはず。

自分を生きることを、いつも社員に伝えています。働く目的は百人百様ということですね。

◆**「すべて自分から」**

「何があっても自分からスタートしよう」を伝えています。そのことから、社員には「あなたは何をしますか?」をいつも問うています。社員の自発性や創発意識を高めていくため、自分がどうあることが良いのかを「自ら考える」ことを大切にしています。

◆**「まずは対話」**

「傾聴と表現。いくらいいことを言っても、自分の言葉で語らないと伝わらない。想いで聴き、想いで伝える。ただの損得ではなく、想いでつながることが大切。」大切な仲間を失った経験から、自分のことを相手に伝え、それが伝わり、相手のことも自分に伝わるようにすることが、社員同士のコミュニケーションの肝であると出路さんは考えています。

2．教育はアルバイトから～そして採用へ

同社では、新卒採用をしていません。現時点（2021年時点）では、社員になるためにはアルバイトから入る道しかありません。

そういうことで、社員のみならずアルバイト教育にも力を入れています。

そして、毎年社員の中から選ばれる5～6名の面接担当者が、「この人は社員にしても良いのでは？」と考えるアルバイト人材を面接します。面接担当者が毎年変わるという仕組みは、他にあまり例が無いのではないでしょうか。しかも人事部門の担当者や部長が同席するわけではありません。面接を担当する社員は、「自分の責任で社員を選ぶ」というプレッシャーを受けつつ、その責務を果たすための準備をすることで、腕が上がる（成長する）のだと言います。

選考の基準は「1．ええやつかどうか」「2．『やったるで』という向上心

があるか」「3. 能力があるか」の3点。

社員になりたいがために、アルバイトを8年くらい続けている人もいるそうです。それでも社員になるのはなかなか難しいとのこと。ちなみに、「店長にはなれても社員にはなれない」というケースもあるそうです(2021年7月現在、30店舗中アルバイトで店長職に就いているのは5~6名)。それでも社員を目指すだけの価値があると、アルバイトを続けている人もいます。

結果、社員になる時には、能力レベルも高く、企業理念も浸透した状態にあります。

自分の好きなブランドを展開する店舗で仕事ができることは、働き手にとってはこの上ない喜びでしょう。そして自分を成長させてくれる教育体制が、よりそのブランドへの想いひいてはヒューマンフォーラム社への想いに昇華させていくのです。

結果としてその想いが、さらに店舗を訪れるお客様へ向けた「本当にウチの商品、良いんですよ！」という気持ちにつながっていく。売るためではなく、本当にファンだからこそもっとファンを増やしたいと思うんですね。

もちろん社員でもアルバイトでも辞めていく人はいます。「合うと見込んでアルバイト採用、もしくは社員登用したものの、結果としてウチに合わなかったということだと思います。それで良いと考えています。」と、同社SPINNS店舗部部長であり、SPINNS高等学院校長の中井さんは言います。

3.「やったるで総会」

一般的には社員総会と言われる、経営方針や中期経営計画の発表などが行われる場のことです。

それでは「楽しそうではない」ということで、突然名称から変え、内容も各事業部などの長が、楽しく達成できるであろう「やったるで目標」を宣言する場にしたのです。

具体的な数字ではなく、楽しそうに仕事をしているイメージ、結果として成果が上がっているイメージを宣言するのです。

確かに想像しただけでも心が躍るようです！　楽しければ一所懸命になれる。それは誰もが一度は経験していることなのではないでしょうか。趣味でも遊びでも仕事でも全く同じことが言えますよね。

その他、

・村研修：5泊6日での研修で、「ヒューマンフォーラム村」という場所で行われます。この研修は、選ばれた社員、アルバイト（社員登用が近いと思われる人）が参加できるものになっています。
・楽学塾：出路さんが塾頭で、ヒューマンフォーラム・スピリッツをベースとした仕事をするにあたっての「ちょっとアホ」な心構えやマナー、などを教え込むものです。

・GWN（グレートワンダフルナイト）：全スタッフが集まってLIVEする。パーティする。午前中は出路さんの話を聴き、午後はLIVEやパーティをします。

などを行っています。また、忘年会や全国行脚なども。全国のスタッフに向けて出路会長が話をして回り、会社の方向性などを伝えています。

同社は理念浸透にはかなり時間を割いています。アルバイトも社員も、一年中出路会長の話を聴けるような仕組みを創造しています。

「想いを仕組みで浸透させ、習慣化していく」を常に実践されていることが、ヒューマンフォーラム社が従業員をヒューマンフォーラム社のファンにし、求心力を強めることにつながっています。

インナーブランディングは時間もかかり、施策によっては費用もかかります。そこへの投資を惜しまず、従業員がひたすら楽しみ、ひたすら「ちょっとアホ」になることを、経営トップである出路さん自らが奨励していることが成功の秘訣なのだと考えます。

倒産の危機を回避し、V字回復したのは、まさに「元気で明るくちょっとアホ」という言葉のなせる業なのですね。それがコロナ禍にあって業績が落ち込んでも持ちこたえられる体制に大きく寄与しているのは間違いないと考えます。

とはいえ、コロナの影響で理念浸透レベルが下がっている印象もあるそうです。アルバイトや社員と会う機会が減っているのがその理由とのことです。オンラインではやはり雑談がしづらく、飲み会もリアルで行えず、理念浸透に欠かせない「必要なムダ」が無くなっている状況では、致し方ないことなのかも知れません。

しかし、出路さんは当然あきらめていません。ヒューマンフォーラム社の企業理念「元気で明るくちょっとアホ」の浸透は、同社が永続発展するため

case 02

■有限会社ゑびす屋池袋本店
設立：2006年1月
従業員数：約45名（2023年7月現在）
店舗数：ローソン4店舗（2023年7月現在）
お話しを伺った方：代表取締役　坂本一郎さん

の生命線。自身の想いを社内に循環させるべく、ＩＴのチカラを駆使して動き続けています。

是非お近くのSPINNSにお立ち寄りください。そして是非スタッフの笑顔に触れてみてください。

ヒューマンフォーラム・スピリッツをもって仕事をされている皆さんを感じることができると思います。

有限会社ゑびす屋池袋本店

お話を伺った方

代表取締役、フランチャイズオーナー
坂本一郎さん 他

祖父母が過去に経営していた会社の屋号を掲げ、会社を設立したのが

２００６年1月。

事業内容は異なるものの、祖父母の商売への想いを受け継ぎました。

同社は、東京都内にコンビニエンスストアを４店舗構える16期目の会社です。従業員は60名程（正社員は社長除く６名）（２０２1年10月現在）。今後店舗を増やすことも予定しています。

また、社長の坂本一郎さんは、店舗運営や組織運営にかかる企業向けのコンサルティングも手掛けており、人事関連のイベントなどへの登壇も数多く、多用な日々を送っています。

同社の組織づくりのやり方は、業種は違っても、多くの中小企業の経営者が参考にする価値のあるものであると考えます。

さて、その坂本社長と４名のスタッフにインタビューをしてみました。

◉従業員の意識や行動の変革に取り組もうとしたキッカケは何ですか？

◇会社勤め（世界中に店舗展開をする大型スーパー）をしている時代に、若くして色々な仕事を任せてもらっていたんです。

年齢、国籍、立場などに関係なく意見を述べられ、どんどん人に「任せる文化」については、そのフランス企業在籍時に学びました。「任されること」が楽しくて仕方なく、次から次へと仕事を進めていきました。

そのような中、近くで商売を営む祖父母をみていてふと思うところがありました。「自由そうでいいな」と。会社員として任される仕事は楽しかったんですが、物足りなさを感じたようにも記憶しています。

実は、その感覚で、ふと「起業しようかな…」と思いました。

また、25歳くらいの時、中学の友人に街中でばったり会い、彼が起業したことを知りました。

色々と話をしてもらった中で、「月に70万くらいの役員報酬をもらっている」と聞き、現実的に起業を考えたんです。「そんなにもらえるなら僕もやってみたいと。自由に仕事ができてたくさんの報酬をえられるなら、それは最高だ！」と。

その後コンビニエンスストアのローソンとのご縁がつながる機会があったのですが、起業にあたり、フランチャイズビジネスをやるかどうか、正直迷いました。しかし一念発起でローソンの店舗経営で起業しました。

その後、一般的なコンビニエンスストアと同様にアルバイトを雇い、自分も店舗に立って、とにかく働きました。

従業員の意識や行動改革に取り組もうと思ったのは、おそらく他のコンビニさんでも同じではないかと思うのですが、従業員の士気が下がっていて、仕事の質がだんだん悪くなっていると感じたからです。

◉具体的な問題点を教えてください。そしてそれを何故問題と感じたのでしょうか?

◇ある時からアルバイトリーダーのモチベーションが上がらなくなったんです。表情も暗く、声も小さくなっていきました。見ていてそれが明らかだったので、本人と話す機会を持ち、素直な気持ちを喋ってもらうと「先がないと感じる」とのことでした。
「このままバイトを続けていても、単に同じことの繰り返し。面白くない。」と。

正直辞めてもらっては困る人材だったので、相当考えました。「確かに同じことの繰り返しだけど、お客様との触れ合いもできるし、そこが楽しいと言っていたのに」と、なぜ突然そんなことになるのか、本当に悩みました。そんなある時、ふと思ったんです。「あ、もしかしてバイトだから、リーダーになったら終わりと感じているのか?」。

確かに、リーダーにまでなった後のキャリアは準備されておらず、「先がない」ことに対する閉塞感を感じることはあるかも知れません。

そうなると、アルバイトリーダーになったところで成長が頭打ちになる可能性は十分に考えられます。

そこで、「そもそもリーダーって何だろう?」と改めて振り返り、定義をし直してみようと思いました。

結果、社員とアルバイトリーダーを同格に扱うようにしたんです。ローソン社が設置している「ローソン大学（スタッフ育成プログラム）リーダークルー認定試験」に合格した人は、みんな同等に「会社をつくっていくメンバー」になってもらいました。また、かなり恥ずかしい想いもありましたが、会社の業績（損益計算書）も思い切って見せるようにしました。

「契約形態が違うだけでやってることは社員と同じ。ならば経営に参画してもらおう」と。

私は、「バイトだから」と彼ら彼女らの可能性の芽を摘んでいたと気付いたんです。

さらには、リーダー格の従業員の給与を20％上げました。この決断については、「コンビニを第二の学校に」「世界に還元しよう」という弊社の行動指針が背中を押してくれました。大切な判断は、やはり会社として向かう方向について想いを込めた言葉に頼ることが一番だと感じたものです。

リーダー格とは言え、給与を20％上げることは、当然固定費の増加になり、当然ながら利益を圧迫します。正直に言えば最後まで悩みました。でも、それでアルバイトとして働いてくださる皆さんのやる気が上がり、ひいては会社全体が明るくなり、さらには業績が向上していけば良いという想いで決断しました。

先ほども言いましたが、こういう時に、理念や行動指針が明確になっていると、自分の判断に自信が持てますし、決めるスピードも上がります。

この理念と行動指針については、ことあるごとにスタッフには伝えています。いわゆる「唱和」ではなく、普段の会話や指導の中に織り込んで、理解を促進しています。

そうやって自分から話していくことで、自分自身の理念や行動指針への理解も深まり、常に意識することにもなるので、何かの判断をする時にはすぐに頭に浮かびます。「理念に照らしたときに、この決定は間違ってないか？」というように、私のみならず従業員全員が同じように判断できます。

◉社内における理念や行動指針についての取り組みを考慮される際、最も大切にしたこと、最も注意した（慎重になった）ことは何ですか？

◇まず、大切にしたことなんですが、「何かをする時、スタッフの成長に寄与するかどうか」です。

先に話をした「リーダーとは？」を考え始めた頃、同時に「コンビニを第2の若者の学校にする」という経営目標を決めました。しかも、私だけではなく、社員とリーダークラスのアルバイトみんなで決めたんです。「大きな目標をスタッフ自身が決めることで、スタッフ自身が成長する」と考えました。

最初は、経営目標は自分だけのものだったのですが、店舗が増えるにつれ、「これは、自分だけのものではない。みんなに『自分の目標でもある』という意識を、スタッフにはもってもらいたい」と考えたんです。社員はもちろん、アルバイトスタッフにもその意識を持ってもらうことで、「アルバイトだから、これでいいんだ」という気持ちを起こさせず、リーダー格クラス以外のアルバイトスタッフには、「リーダークラスになったら、あんな仕事もさせてもらえるんだ！」という向上心を喚起させることも可能になります。

さらに、コンビニエンスストアにおいては、かなり重要な仕事の一つである「発注」「人材育成」を、アルバイトリーダーに任せることにしました。業界的には珍しいのではないかと思います。この意思決定もかなり勇気が必要でしたが、これは「世界に〝優れた人材〟を届けよう」という行動指針が決め手になりました。

アルバイトという立場はあくまで雇用形態の一つでしかありません。それまでは「責任の重さ」で言えば社員の方が重くなるものだと考えていたんです。有期雇用か無期雇用か、社会保険に加入しないかするか、時給か月給かなどを、一般的に言われる責任の重さ、つまり「社員がやるべき仕事かアルバイトでもできる仕事か」を分ける要素として捉えていたんです。だから責任が重い仕事とそうでない仕事を分けていました。でもそこを敢えてフラットにして考えてみました。

その発注について、アルバイトに任せた際の驚きのエピソードがあるんです。

ある商品について、普段30個くらいの発注量ですが、その人は「売れ過ぎたらどうしよう」と考えて50個くらい発注すると想定していました。

しかし実際は150個も発注したんです。さすがに「ヤバいな…どうしようかな、修正しようかな」と考えたんですが、任せた責任もありましたし我慢して何も言わずそのままにしたんです。

その後見ていると、インスタで商品の情報を拡散したり、店内で目立つようにPOPを作ったりと様々な工夫をして販売を自発的に行いました。正直驚きました。そもそも「150個発注する」という発想が全くありませんでした。これまでの店舗運営の中で培った経験から得た発想を超えていました。

その人は「SNSでタグれば（SNSおけるハッシュタグを情報受信の起点として使用すること）売れるのでは？」という切り口で考え、行動したのです。すごいとしか言いようがありませんでした。

ちなみにその時は結果として3日間で120個と、当初の予測の4倍という販売実績となりました。

このような例はまだたくさんあります。

私は、アルバイトに発注を任せることで、アルバイトと社員との「仕事について」のコミュニケーションが増えることを想定しています。信頼関係も深まるし、お互いが共通言語で考えるようになる。

これがレジの仕事だけだと、単調な業務内容の話にしかなりません。

そのような施策を講じて実施している中、新型コロナウィルスの猛威が我々を襲ってきました。

当然このまま何もせずにいるわけにはいかないと、従業員をまとめる標語を作ろうと思い立ちました。

それが「新たなコンビニ2・0をつくろう」です。

そして、コロナ禍で小さく始め取り組んだことが、次第に奏功し出しました。

「省力化」については、ほぼ現場の発案で実行しました。これ、実は「坂本さんは攻めの人なので…」と、ある社員からの進言があり、省力化には携わらせてもらえなかったんです（笑）。

社長に対するリクエスト、普通はあまりないことですよね。従業員の声を聴くという文化があったからこそのことと、嬉しい気持ちです。

こうした動きのかいがあって、コロナ禍にあっても「２０１９年／１００％➡２０２０年／１１２％➡２０２１年８月現在／１４８％」という利益増をもたらす結果が生まれました。

◇注意したこと（慎重になったこと）

そのような中で一番注意したことは、学生の目線に立つことです。尊重することを心がけました。

何かあった時に、どうやったら気づいてもらえるかを伴走して考えていました。

特に必要なことを伝える時は、その瞬間だけを切り取った判断、指摘はしないようにしています。点ではなく線にして伝えることが大切です。そして、学生との壁をつくらないように、色んなことを若手にバトンタッチしています。学生は無意識に「年上だから」と壁をつくってしまう傾向があります。年齢立場関係なく声が挙げられる安心安全な場にすることが大切です。

また、彼らのモチベーションの源泉はどこにあるのかを常に考えています。少しずつでも成功体験を積ませてあげられるようにしています。依頼している仕事がスタッフの成長レベルに合ったものになっているか、負担になっていないかについては注意を払っています。

チームは生き物。組織の成長と会話することで、「今」が何かをするタイミングとして良いのかどうかについても考えています。

あとは、実験的に小さなことから始めて、大きく展開する方法を採っています。吉田という弊社ナンバー2が店長を務める店舗から始めて、ブラッシュアップして最終形をつくり、全店舗に展開するという段取りで進めています。吉田が、私の最高の理解者であり協力者です。

理念の浸透や様々な施策の検討において、彼の存在はとても大きいものです。「同じ船」に乗せるにあたり、7割乗れると判断すれば、残りの3割は我々が引き上げられます。

◉苦労した点と、そこからの脱出法

◇最初は「また社長新しいコト始めたよ」という反応が多かったです。習慣になるまで言い続け、やり続けることが苦労した点です。常に「本気かどうか」を尋ねられていました。

もちろん常に本気ではあったんですが、その気持ちをどう示すのかについては苦労しました。

◇脱出法

従業員の反発心をなくすように、自分が動くだけでなく、吉田を筆頭に他の従業員も巻き込んで進めていきました。やり続けることがキーポイントです。

一方、決めたことをやらない人の話も聴くようにしています。それなりの理由があると思うからです。

サラリーマン時代は上司から「やり方」を見られていましたし、それを重視していましたが、今の環境では従業員に「やり方」よりも「在り方」が見られていると感じています。

本気度を常に試されていると、いつも気を引き締めています。「理念は人生の軸」だと思っています。私は、自分の決意があるから動けるのです。

ちなみに、アルバイトや社員の採用については、理念に適合しているかどうかを、面接の段階でできるだけ見極めるようにしています。

◉取り組みを進めてこられてご自身が感じたこと、気づいたこと

◇自分自身に矢印が向いていると良いコトはなく、相手に矢印をむけ関心を寄せることで結果がよくなってくると気付きました。そうすることで、会社が何を何のためにやっているのかという目的と個人の目的とが合致するようになると感じました。

まさに理念に従業員が向いているということですね。良いチームをつくるためにはまず個人（相手）を輝かせることが重要です。

◉従業員に「自分ゴト」の意識を定着させるために必要なこと

◇任せるということ

「レジ任せたよ」ではなく、一つひとつの業務に対してのやり方と、それ以上に考え方を伝えて「売り場の一部と数字とがリンクする仕事」を任せると、一気に「自分ゴト」になります。

そうすることで「自分がこれだけできた」という実感が持てます。さらに、私が関与することで、「任せきりではないから安心して仕事して」を伝えることになり、従業員は安心して仕事に集中できるんです。

以前は、一度任せたことを「はがす」ことをしていました。なぜなら任せてもできないからです。

でも、そうするとやる気がなくなっていくのが目に見えて分かりました。モチベーションもダウンし、エンゲージメントレベルも下がり、最終的に辞めていきました。

その部分に反省した後は、その人が何に関心をもっているか、何をすれば輝くかをみるようになったんです。いわゆるその人の個性を見極めるようになったことで、適材適所ができるようになったと思います。

「その人が輝ける場所における権限移譲」をするようになったんです。

◉坂本さんにとって「企業理念」とは？

◇「仕事の枠を超えて自分の人生の指針のひとつである」ですね。そして「原点回帰のための道しるべ（今進んでいる方向でよいのか？を考える時の判断基準）」でもあります。

店舗にとっては、進むべき羅針盤を表しています。

理念はかなり重視しており、意識をして取り組んでいます。前述もしましたが、やはり迷った時の大きな判断基準になっています。今思えば、インナーブランディングの実践をしてきたんですね。

◉採用について

◇1か月の研修期間はしっかり通常の仕事ができるように指導します。

他社はさらっとしかやらないと聞いています。だから「楽が良い人」はそこで辞めていきます。基本的なことができないと、その後仕事を任せることもできないですからね。

ちなみに弊社では、年間約1、100万円の発注をアルバイトに任せています。

スタッフの皆さんに伺いました

吉田さん

入社5年　41歳　2店舗の統括店長（2021年8月現在）

◉「負の感情」を抱いたことのある社内の施策とその理由

◆2021年2月に統括店長としての仕事をスタートしました。その当初はスタッフのマネジメントをするよりも、自分で動いてしまうことがかなりありました。スタッフに任せることをしなかったんです。

その時、マネジメントがとても高いハードルであることを感じたんです。

自分のこれまでの働くスタイルを変えなければならない辛さがありました。自分がいなくても店舗運営が回る仕組みづくりをしなければならなかったんですが、なかなか取り組めませんでした。

施策と言うことではないのかも知れませんが、「統括店長としてマネジメントを任されること」に荷の重さや抵抗感をかなり感じました。ただ、オーナー（坂本社長）は、こまめに話しかけてくれて、私が統括店長として仕事をしていくための動機付けを、根気よくしてくれました。「今は大変かもしれないし、すぐには上手く行かないかも知れないけど、背伸びしてみて」と。「失敗しても、考えたうえでの結果としてのものであればＯＫ」と。これまで別の三つのコンビニで働いたことがあったのですが、いずれのオーナーも支配的で高圧的、チャレンジする気にはなれませんでした。だから今回も同じように捉えてしまったんです。

でも、「私を育てようとしてくれている」という坂本社長の意図をしっかり理解できたので、チャレンジしようと思えました。

◉入社前と入社後で、会社への印象に変化はありましたか？

◆結果的には変わりませんでした。過去に勤めた会社での支配的・高圧的な社長の姿勢が強く印象にあり、入社前は、「このゑびす屋池袋本店も、もしかしたら同じなのかな…」という思いもありました。コンビニで仕事をしていくことに限界を感じていたこともありましたが、良い出会いを期待する自分もいたため、門をたたきました。しかし、オーナーに会って、店舗運営に関する戦略や人材の育成などを聴き、「コンビニでもこんなことができるんだ」と感じることが多々あり、アルバイトでも良いので雇用してほしいと懇願しました。オーナーと会って、まだコンビニでやれると感じたんです。

オーナーとは、個人的な価値観は異なりますが、だからこそ学べる部分があると感じています。

入社して5年が経ち（2021年8月現在）、自分の成長を感じているところです。

これはオーナーに学んだのですが、仕事には、いつも※「コンフォートゾーン」「ストレッチゾーン」「パニックゾーン」の三つがあります。スタッフには常にストレッチゾーンにいられるような課題を与えています。「人の育成は常にストレッチゾーンで行うこと」が大切ですね。

私自身は、仕事上、どうしても自分で自分を「パニックゾーン」にもっていってしまうんです。多分性格ですね（笑）。坂本さんは、そんな私を見て「ストレッチゾーン」に移行させてくれる言動行動をとってくれているんです。そして今、それをいつしか真似るようになっています。もはや会社全体にしみこんでいる人材育成の考え方です。

※3つの心理的領域
人が成長するための心理的な領域を指す。
コンフォートゾーン…居心地良い領域（努力せず快適にいられる）
ストレッチゾーン…　背伸び領域（多少の負荷をかけることで緊張感が生まれ、人の成長が最も期待できる領域）

パニックゾーン…　混乱領域（負荷やストレスが強すぎて、成長が見込める部分もあるが、限界を超え挫折や病気を引き起こす可能性がある領域）

パニックゾーンと言えば、月400時間も働かせているコンビニもあります。また、従業員と密なコミュニケーション取らないことが、社内で犯罪が起きる原因になったという会社もあります。売上の持ち逃げが起きたそうです。

とても危険です。コンビニで働く多くの人が、そういう世界から脱することができるといいなと、心から願います。

◉自社について自信をもって自慢できること

◆権限移譲と情報開示をしているところです。他の会社では考えられなかったことです。

多くの会社では、損益計算書を社員に見せることはないです。弊社ではアルバイトにまで見せてくれます。

また、発注については、アルバイトもできるようになっています（基本的には社員の仕事）。

ちなみに、他のコンビニでは本社のスーパーバイザーやオーナーが、社員の発注ですら消してしまうことがあります。もはや感情的に仕事をしているといった印象です。そういうこともあり「学習性無力感」に陥る人が多いようです。「何をやってもムダ」だと感じさせてしまうということです。

ここではそのようなことはありません。やりたいことを本当にやらせてもらえます。もちろん会社の理念に沿っているかどうかをしっかりチェックされますが。そこが自信をもって自慢できるところです。

◉他の会社で働いている大切な友人に、「ウチで一緒に働こう」と薦められますか

◆友人はついては「NO」かなあ（笑）。コンビニに来てもらうのはちょっと申し訳ないかなと。それは収益が他業種に比べて低いため、給与水準がどうしてもあまり高くないので（汗）。そこを除けば一緒に働こうと自信をもって薦めます。

あと、友人のお子さんであればアルバイトでぜひ来て欲しいですね。色んな事が学べて就活にも確実に活きますから。

◉スタッフさんにとって「企業理念」とは？「企業文化」とは？

◆企業理念は「立ち戻る場所」であり、文化は「空気」だと思っています。自分の意識がないところのものが普段の行動言動に出ますよね。そしてそれが店舗文化になっています。

◉インナーブランディングファイルについて

◆インナーブランディング研究協会（IBRA）さんの勉強会に出てから、「インナーブランディングファイル」をつくりました。今は、具体的にはローソンから発行される。福祉だよりを挟んでいます。

福利厚生に関するもの（セミナー、研修など、映画のチケットの割引券など）が多いです。

⬇社員にとっては重要なものだが、そこまで行きつかない会社が多い。やることが多いため。

◆インナーブランディングと言えば、鈴木さん（本書著者）が言われている「自社の社員を、自社のファンにするすべての活動がインナーブランディングなんだ」という言葉を聞き、社内での一つの習慣を思い出しました。アルバイトの誕生日をカレンダーに書き込み、当日に、店舗ごとのLINEグループで「おめでとう」を伝えるという仕組みをつくり、習慣化しました。贈り物は好みや金銭的な問題があるためやっていないのですが、一人ひとりを

「存在承認」することで、帰属意識も高くなっていると考えています。

ナムさん

……

入社半年　29歳　アルバイト（リーダークルー）　ベトナム出身
2013年来日（職歴：ヤマト運輸、オリジン弁当、ファミリーマート、セブンイレブン）（2021年8月現在）

◉「負の感情」を抱いたことのある社内の施策とその理由

◆施策と言うか、仕事において負の感情を抱いたのは、イヤなお客様への対応くらいです。基本的に仕事そのものについては楽しいです。

◉入社前と入社後で、会社への印象に変化はあったか

◆入社時の面接は厳しかったんですが、入社後は優しく対応してくれました。仕事も楽しく、コミュニケーションも人間関係も、とても良好だと思います。

その他、失敗の原因は本人に考えさせる文化があります。これは良いと思っています。

◉社内の取り組みの中で、印象に残っているエピソード

◆プライベートな旅行でも、領収書の提出が条件ですが、２割くらい旅費を負担してくれました。これには驚きました。思い切って旅行に行けるのは嬉しいです。

◉自社について自信をもって自慢できること

◆普通のコンビニでは、アルバイトの仕事は、品出しやレジ打ちくらいですが、発注もさせてもらえるし、アルバイトでも意見を述べさせてもらえる。アルバイトでも尊重してくれます。

結果として責任感が持てるようになるし、能力も上がり、認めてもらえます。これまでのアルバイトではなかった経験ができ、自信も持てるようになります。そのあたりは自慢できますね。

◉他の会社で働いている大切な友人に、「ウチで一緒に働こう」と薦められるか

◆はい、薦められますね。
社長の坂本さんが自慢できる（適切な指導をしてくれるため。自分の考え方を尊重してくれるため。より良いやり方を考えて実践することができるため）。

◉苦労していることはありますか？

◆やはり言葉です。でも、みんな優しく熱心に教えてくれます。
来日後色んな仕事をしましたが、今が一番いいです。仕事内容もそうですが、給与を上げるためにチャレンジもさせてもらえますし（チャレンジするかどうかを聴かれる）。
そうしていくことで会社も楽になる可能性も出てきますし、自分の給料も上がっていきます。

◉スタッフさんにとって「企業理念」とは？「企業文化」とは？

◆理念について、町の人にとって愛される店として頑張ろうという理解。バイトの面接時に伝えるようにしています。

◉坂本さんのこと好きですか？

◆今までの上司の中で一番好きです。ちゃんと名前で呼んでくれますし（お前、君などとは呼ばない。）。人を大事にしていることがわかります。

◉貴社内で外国籍の方はどれだけ働いていますか？

◆ベトナム3人、ミャンマー2人、ウズベキスタン3人（2021年8月時点）です。

みんなアルバイトです。

齋藤さん

入社7年（バイト4年）34歳　巣鴨四丁目店長（クルー：14名）
（2021年8月現在）

◉「負の感情」を抱いたことのある社内の施策とその理由

◆新しいことを始めるときキツさを感じることがあります。以前「店内厨房」を始めたとき、クルーの休みが重なってしまい、オペレーションがかなり大変でした。誰に対してということではないのですが「コノヤロー」と思いました（笑）。

しかし、それは仕方ないことです。仕事をしていれば、そういうこともありますから。

でも、新しいことはやりたいと思える環境です。失敗しても良い雰囲気があるのは、この会社の大きな特徴です。

◉ご自身の発案で、新しいことをやられたことはありますか?

◆「売り込みたいものを自由に発注する」をやらせてもらったことがあります。結果は…(笑)。

失敗をしたいわけではないのですが、失敗しても確実に学びがあります。その結果はもちろん社内で共有されました。隠ぺい体質はなく、何でもオープンにしているのはスゴイです。

上手く行かなくても「学べて良かったね」と言ってもらえるので、失敗の報告にビビることはありませんね。

◉入社前と入社後で、会社への印象に変化はあったか

◆アルバイトで入った時、普通にコンビニのバイトのつもりだったんですが、こんなにじっくり育ててもらえるとは思っていませんでした。さらには、そこから社員として入社するとも思っていませんでした。

オーナーが本当に魅力的なんです。こういうインタビューだと「言わされているのでは」と思われるかも知れないのですが、本当です。当時の店長のTさんが楽そうに見えたんですが、利益もしっかり出しているんです。楽そうなのに、なぜそういう結果が出せているのか当時は不思議でした。今ではわかります。

ちなみに、会社に正式に入社したのはここが初めてです。これまではずっとフリーターでした。

雰囲気がホワイトな感じが良かったです。他社の店長は、月一度の休みしかなく、お店に泊まることもありました。その会社は残念ながらなんの教育もありませんでした。

この会社では、しっかり時間をとって教育してくれます。

◉自社について自信をもって自慢できること

◆オーナーが良い意味で「変」なところが自慢です。かなり活動の幅が広いんです。

自由にやらせてもらっていますし、店長が定時に帰れて、休みもとれています。珍しいと思います。

これは、従業員教育が行き届いているためだと考えています。任せられるスタッフ育成ができているということです。

また、従業員教育について、そのやり方は最初は教えてもらったんですが、あとは完全に自由です。

後は、色んな考え方の社員が一緒にいて働けることは自慢できます。効率重視のTさんもいれば、人情派のYさんもいる。一般的な会社だと上手くいかないのでは？　と思うその二人が同じ会社で仕事をしているんです。そしてそれぞれの強みを活かそうとしているんです。

◉他の会社で働いている大切な友人に、「ウチで一緒に働こう」と薦められるか

◆何とも言えませんが、良い会社だとは自信を持って言えます。

◉スタッフさんにとって「企業理念」とは？　「企業文化」とは？

◆いつもという訳ではないのですが、理念を意識して仕事をしています。ローソン本体の理念も意識しています。仕事をする上で「意識すべき」ものだと思います。

◆クルーへの理念浸透は「教育が大事」を繰り返して言っています。「自分で考えて動ける人」になって欲しいと言っています。

自立・自律した人になること。それが理念浸透のカギだと考えています。理念とは、日々の仕事の中で忙殺されて忘れる時もあるが、立ち止まって原点に立ち返るものです。

ついつい利益ばかり追いがちなんですが、教育やお客様のためと思うために、必要なことです。

短期的な利益を追うよりも「ここは育てることが先だよね」などと、長期的に考えています。

この会社だからこそ、理念を意識するようになっていると感じます。

坂本さんが普段の話のなかに理念のエッセンスを盛り込んでいることも、浸透のための重要な要素です。

◉理念浸透、文化醸成で悩まれている中小企業の経営者、経営企画や人事、広報担当者へのメッセージ

◆従業員教育が大切です。教育すれば自立して動けるようになります。会社も楽になるし、教育された人が自発的にさらに新しい従業員を教育する。そうすればみんなが楽になる。雰囲気も良くなります。

◉坂本さんのこと好きですか？

◆好きです。前向きに働けるようにしてもらえてます。

◉アルバイトの採用について

◆「シフトが苦しくても良い人を採る」というポリシーでやっています。

以前は、「大丈夫かなあ」という人も採っていました。「上手く店舗運営を回すこと」を最も大切にしていました。もちろんそれは必要なんですが、それよりも「人」の方が大切だと坂本さんから学びました。

ちなみに、「良い人」を採用する基準は、「自分の言葉で話せるか。しっかり喋れるか」です。

◉ずっとこの会社で働きたい？

◆はい。働きたいです。

川角さん

入社1年半　大学4年　22歳（2021年8月現在）
（駒込一丁目店／片道一時間かけて通っている）

◉

アルバイトで入ったキッカケは、知人からの紹介です。就活の面接時に話せるような経験を積もうと考えました。

入ってみて驚いたことは、普通のアルバイトではやらせてもらえないことができるという点です。貴重な体験をさせていただいていると思います。

◉インナーブランディングファイルについて

◆店長や店長候補と、インナーブランディング研究協会の勉強会参加後に、打合せの場を持ちました。

「店舗を中から良くしていこう」とのオーナーの想いを、これまで以上に感じたんです。

その後、「まずファイルを作ろう」ということになり、できたのがインナーブランディングファイルです。

それから自分自身、少しでも良くしていこうと意識するようになりました。

ただ、クルーの温度感を合わせることが難しいなと感じています。

◉「負の感情」を抱いたことのある社内の施策とその理由

◆店舗にセルフレジを導入し始めた時です。場所柄、高齢な方がお客様に多いため、対応できるのかとかなり疑問に思いましたし、不安もかなりありました。

しかし、一方で導入後のお客様とのセルフレジに関するコミュニケーションによって、新たな関わりが持てるようにもなりました。結果的に負の状態から抜けました。

◉社内の取り組みの中で、印象に残っているエピソード

◆Ｈａｂｉ★ｄｏ（株式会社Ｂｅ＆Ｄｏ開発販売）という情報共有のアプリを坂本さんが導入されました。これは店舗全体に情報が伝わる仕組みです。

例えば、「新しいスイーツを導入した」と情報を登録すると、全店舗に伝わり、みんなからのコメントももらえました。やる気につながりました。それから全体的に肯定感が上がったように感じます。

そういった報告をアプリですることで、コミュニケーションが密になっています。

サブリーダー以上が使っているんですが、とても積極的に使っており、その情報は、私たちアルバイトにも伝えてもらえています。

◉自社について自信をもって自慢できること

◆圧倒的に「人」が自慢です。アルバイトとして入ったばかりの頃、外国人ばかりの中で大変だったんですが、その皆さんから良く声をかけてもらえました。外国人ということで緊張もあったのですが、「真面目な人が多いんだなあ」という印象を持ちました。

最初、タオさんに壁を感じていて近づけなかったんです（私が勝手に壁と感じていました）。どう打ち解けたらよいかわかりませんでした。

でも、日本人の友人と同じように接しようと頑張りました。今の自分の立場はタオさんを超えていますが、教えを乞うことも多かったです。ある日、仕事が終わっての帰り際、チョコレートをもらいました。とても嬉しい想いになったのを覚えています。シフトが被らなくなる時には、とても寂しがってもくれました。

「タオさん、川角さんが来てから変わった」と店長から言われ、とても嬉しかったです。

◉他の会社で働いている大切な友人に、「ウチで一緒に働こう」と薦められるか

◆もちろん薦められる会社です。お金よりも何か学びたい、何かを得たいと思える人にはとても薦めたいです。

◉スタッフさんにとって「企業理念」とは？「企業文化」とは？

◆理念について普段は、直接意識はしていませんが、理念がオーナーや店長の行動の基本になっていると思っています。

しかし、リーダーやサブリーダーになる時には、社長から理念についての話をされますし、昇進の試験時、理念についてはその意味するところを問われます。

トップと従業員がやりたいことは基本的に違うのではないかと思っています。しかしみんなが同じ方向を向くために理念が必要だと思っています。

◉理念浸透、文化醸成で悩まれている中小企業の経営者、経営企画や人事、広報担当者へのメッセージ

◆浸透の面では、難しく考えなくてもよいのではと思います。家族内の挨拶みたいに、同じ方向を見ているような合言葉的に使うとよいのではないかと。ただ言葉を伝えるだけではなく、理念に関する背景や意図を伝える機会をたくさん持てば、そんなに色々とやらなくても浸透していくのではないかと思います。

この会社はちゃんと意味を教えてれるので、アルバイトの後輩を教えると

きも同じようにできるんです。
トップがそうしていれば、伝わるものだと思います。

◉坂本さんのこと好きですか？

◆好きです。新しいことへチャレンジする姿勢が良いと思います。もっと良くしていこうとする姿勢が良いです。

case 03

■株式会社セルワールディング
https://www.worlding.jp/#section01
設立：2021年4月1日
従業員数：9名（2023年7月現在）
お話を伺った方：代表取締役　服部大吾さん

株式会社セルワールディング

※今回のお話し、同社の親会社である株式会社セルディビジョンの創業から数年後のことを伺っています。ロングインタビューです。

お話を伺った方……代表取締役　服部大吾さん

（鈴木：以下（鈴））セルディビジョン、セルインタラクティブ、セルワールディング3社グループを代表するセルディビジョン代表取締役の岩谷真史氏が、当時グループ3社の従業員の意識や行動の変化のための取り組みをしようとしたきっかけを、ご記憶の範囲で、聞かせていただいていいですか？

（服部さん：以下（服）） 当時、事務所は20代前半から30代前半の5〜6人の組織でした。あとアルバイトが数名手伝ってくれていました。

直接お客様とやり取りをする、つまりディレクターの立場のほとんどを代表岩谷がやっていたんです。

他のメンバーはデザイン作業がメインですので、基本的には社内作業をしている状態です。

なので、デザイナーは外の情報と触れ合う機会が代表より圧倒的に少なく、自分がやりたいデザインだったり、やりたい仕事だったりが優先されがちな状況でした。

代表も多くの案件を抱えている中、経営もしなきゃいけない、ディレクションもしなきゃいけない、部下のマネジメントも全部やらなきゃいけない、非常に苦しい状態だったのではないかと思います。

かつ、メンバーは私を含め全員デザイナー、悪いことではありませんがいわゆる「職人目線」に偏りがちです。

お客様のご要望はあるものの、自分の作りたいものをつくってしまう場面も少なくなく、方向性がまとまらない瞬間があります。

代表がせっかく受注してきた仕事に対しても、デザイナーは個人的な言い分をぶつけるということもあり、代表は「組織としてひとつの限界がきている」と感じていたかもしれません。そこで代表は「何か組織としての行動の指針となるものを作らなければ」と思ったようです。

そのような中、どこからかリッツカールトンさんの話を代表が仕入れてきまして、クレドなど行動規範のようなものを作り実践する時期に来たんじゃないか、ということを変化のきっかけとしたのではないかと思いますね。

（鈴） それは会社ができて何年目ぐらいの時だったんですか？

（服） 創業後4、5年ぐらいの時です。

（鈴） ちなみに服部さんが入られた時には社内はバラバラ状態だったんでしょうか？

（服） そういう場面もありました。でも、今振り返れば納得いきます。従業員も全員若くて社会経験が浅いとなれば、まとまるのは一苦労だったと思います。

（鈴） そこで、一本筋を通さないとまずいよねと、代表が感じられたということですか？

（服） そうですね。自分たちは何のために仕事をしているのかとか、何のためにセルディビジョンというチームを作るのかということをはっきりさせなきゃいけないと思っていたかと。

（鈴） その後、クレドを作るという話が出たときに、服部さんがどんな事を感じられたかということと、他の従業員の方はどんな反応をされたかを教えていただけますか？

（服） 「へぇー、作るんだ。」と思いました（笑）。「僕たちはデザイナーであって、ホテルの従業員じゃない」というようなことを思っていたかもしれませんね。リッツカールトンさんのサービス意識の高さについてはもちろん理解はできました。やめようとかやらない方が良いという否定の気持ちは全然なかったんですが、そのクレドという施策には半信半疑でした。

(鈴) なぜやるかという理由や目的については、どのように理解されましたか？

(服) 結構社内が大変な状況で、何かやらなきゃいけないっていうことはすごく実感していたこともあり、「何でもいいからとにかく進めないと話にならないし、試さないとどうにもならないだろう」という感覚はありましたね。

(鈴) なるほど。「なんでクレドなの？」という印象でしょうか？

(服) みんなが同じ方向を向く指針や方針を定めようという理屈は分かりました。ただ、それが私たちのようなデザイナーという人種に対して効果があるかどうかというのは未知数というか、よく分からなかった印象です。

(鈴) 他の方はどんな反応でした？　ご記憶の範囲で教えていただけたら。

（服） 始めるときは、否定はなかったですね。というより、特に感想がない。「やればいいじゃん」くらいの感じです。否定も肯定もないみたいな。

（鈴） そうなんですね。「バラバラ感があった」という社内の反応としてはちょっと面白いですね。先ほど大変と言われてましたが、もう少し具体的に聞かせていただけますか？どういう大変さだったんでしょう？

（服） それまでは、順調に売り上げを伸ばし顧客も増えてきたタイミングで、ちょうどリーマンショックにあたりました。私が出戻りしてきた年、まさにその期です。結構焦りました。

そこから挽回しようということで、仕事を増やそうと代表も外に出ます。そうすると、代表自身が担当していたデザインそのものの仕事を誰かに任せなければいけない。でも、自分がヒアリングしたイメージとデザイナーから出てくるイメージが異なるんです。代表からすると「自分と同じように外に出てディレクションする人物が必要だ」ということなんですが、その役割のイメージはこれまでのデザイナーにはない。当時「自分はあくまでデザインをする役割」という考えなので、ミスマッチがそこで発生していたかも知れません。

(鈴) 仕事に対する意識や考え方については、代表と従業員では違ったということですね？

(服) そう思いますね。やはり「お客様と相対する人」と「制作をする人」という、営業と制作は別という構造が無意識にあったのかも知れません。

(鈴) 代表の視点で「もっとお客様の意図を汲んでこうするべきじゃないか」と従業員に伝えたものが、デザイナーの従業員からすれば「いやいや、自分たちはちゃんといいもの作ってるじゃないか」…そういう理解ですか？

(服) そうだったかも知れません。代表を否定することはなかったんですけど、「なんで上手くいかないんだろう」という思いがデザイナー側にありました。お互いを否定してはいなかったですけどね。

(鈴) 否定をしていなかったっていうのは良いことですね。

(服) そうですね。代表も従業員もお互い頑張っているのは本当によく分かっていたので。それを否定してしまったら、本当に一緒にいる意味もないので。代表がやろうとしていたことが「理解が追いつかなかった」というのが正しいのかも知れません。

その時、組織としては「文鎮型」にすらなっていなかった印象です。年齢も近かったですし、みんな一生懸命「会社になろう」としてましたけど、「組織」という体裁には程遠かったかも知れません。

(鈴) 代表からガンガン指示命令が飛んで、納期に間に合わないとなったら怒られるみたいな…例えばそんな構造はありましたか?

(服) それはありませんね。何とかして間に合わせようという雰囲気で、みんなで頑張っていましたから。

でも、先ほども話したように「なんとなく上手くいかない」「対価が見合わない」という。よくわからなかったところでの迷いはありました。

(鈴) みんな協力し合ってやっていこうっていう雰囲気があったわけですね。

(服) そういう姿勢はありました。でも一方で、みんなの矢印がずれている感じはありました。

（鈴） そのような中で、クレドを作ってみようと始められたわけですが、そのクレドはどんな作り方をされたんですか？

（服） 記憶が曖昧なんですけど、土台から作っていったと思いますね。まずA４の紙一枚でおさまるよう言葉を指針として出して、それをみんなでワイワイ言いながらまとめていくという。そんなに人数もいなかったですし、みんなで話し合うという事については特に苦労があまりなかったようなイメージがあります。

（鈴） どんなことを書き出されたか記憶されてますか？

（服） 最初は「横浜一のデザイン会社になろう」みたいな感じでした。で、「横浜一って何？」みたいな。みんなで「じゃあどうなったら横浜一と言えるのか」をみんなで話し合ったように記憶してます。

（鈴） まさにそれはビジョンのところですよね。他に覚えてます？

（服） 最初はそれぐらいしか考えられなかったんじゃないかな。

（鈴）どれぐらいの時間をかけて考えられたんですか？

（服）作ることについては、そんなに時間かかってなかったと思います。確か1～2日で作った気がします。

　当時はクレドを作ることというよりも、それをどうみんなで考え続けるかみたいなことに重きを置こうとしたんじゃないかと、振り返って思います。

（鈴）そうすると、掲げるものと目指すものと、それが意味するところや、具体的に何が実現できればそれを果たせたと言えるのかなど、そしてそれをやり続ける、考え続ける、意識し続ける…その方策まで一緒に考えたのでしょうか？

（服）そうですね。まずは朝礼から始めました。クレドを始めてから朝礼はずっと続けてます。

（鈴）朝礼は、どんな内容でやられてたんですか？

（服）クレドを読み合わせて、その内容についてディスカッションします。「クレドについてどう思う？」とか、「昨日こんなことがあって、クレドにつながることがあったんだよ」等です。

「昨日スタッフAくんがこういう行動をしていて、それはこの言葉に当てはまるものだったよ」などの話し合いをやってましたね。

(鈴) そのディスカッションはどのような頻度で行っていたんですか?

(服) 毎日です。

(鈴) ネタ元も毎日探さないといけないわけですよね、皆さん。

(服) そうですね。でもその場で思いつきみんなしゃべってましたけどね。最初は全然盛り上がらなかったです。そもそも「朝礼」にあんまりいい印象を持たない人もいました。

(鈴) 「何の意味があるの?」みたいに思う人も中にはおられたかも知れないですよね。

それでも社長が決めたことだからやろうという感じだったんですか?

(服) 業務の一つみたいな感覚でやってた人が結構いたんじゃないかな。ただ「そう決めたんだったら、やってみよう」という。歯を磨く感覚みたいな感じでしょう。親に歯を磨けと言われて「やった方がいいかな」みたいな…。

その歯磨きについて、深い意味を考えずに行動していました。

(鈴) 盛り上がらなかったとのことですが、その時何か盛り上げ策は考えられたのでしょうか?

(服) 個々人のグッドニュースを話そうというのをやりました。

(鈴) その日の朝礼後から翌日の朝礼までにあった良いことですか?

(服) そうです。プライベートも含め、何でもいい。とにかく良いことだったらシェアしようと。クレドが先って話になると、どうしてもあんまり面白くない時もあるので。「もっとこうフランクな話から入って、結果的にクレドに結び付いたらいいよね」ぐらいの温度感のほうがいいんじゃないかとか。

あと、「くじ」を作ったりしました。箱の中にお題を入れて、それを引いたらオススメのお店が書いてあったり、今日あったいいことが書いてあったり。それをきっかけに話を展開していくようなことをやってました。

クレドを作って、そこからちょっと離れたり、また近づいたりみたいなことを繰り返してましたし、今もやってますね。

(鈴) 面白いですね。グッドニュースや、くじを引いてしゃべるなど、毎日全員が話をするんですか？

(服) 全員ではなかったです。「今日の人」を決めたり、時には「喋りたい人」を募ったり。

当番制にしたときもありました。時期によってルールを変えました。

(鈴) とりあえずこんな方法でやってみよう…のような？

(服) 退屈になってきたら、モデルチェンジを繰り返しています。みんなの顔が沈んできたら、そろそろやり方を変えたほうがいいのかなとか。

(鈴) その判断は、誰がやられてたんですか？

(服) 全員です。もちろん社長もやってましたし、「せっかくやるんだったら楽しいことを」と意見を出す人もいましたよ。誰が判断するという決まりは特になかったですね。

(鈴) ちなみにその朝礼はどんな形式でやっていたんですか？

(服) 立って輪になってテーブル囲んでやってました。

加えて案件進捗の共有もしてました。平均10～15分です。

でも人数が増えると終わらないんですよ（笑）。朝礼に30分かけることが結構ありました。

で、30分やってたときは、それぞれ反応は違いました。すごく前向きそうな人もいましたし、見るからにつまらなそうだなっていう人もいましたし…。

(鈴) 人数が増えれば、なかなかその場で「つまんない」とかは言えないんでしょうけど。

そういう声を拾っているんですか？「クレドや朝礼に関してどう思う？」のような。

(服) 声を拾うみたいなことは、当時はあまりしていませんでした。

でもみんなで意見を言い合うみたいなことはありました。「最近朝礼つまらなくない？」と誰かが声を出して、「やっぱりそうだよねー」と。

「じゃあまたみんなで話し合って、どうしたら楽しくなるかっていうのを考えてみようぜ」のようなことは、季節行事のように出てきてました。

(鈴) 朝礼を止めようという判断には至らなかったんですか？

(服) そういう意見はありましたよ。でも最終的にやめるという結論にはならなかったんです。

(鈴) それはどうしてなんでしょうね？

(服) 人数が増えてくるとコミュニケーション濃度が薄くなり、顔を合わせて一人ひとりと話すのは朝礼ぐらいなんです。特にデザイナーって、仕事に入ってしまうとパソコンと向き合いっぱなし。良くて上司や部下と話をするぐらいになるし、やはりみんなで話し合う機会は必要だということで続けていたように思います。

(鈴) 朝礼の中で色々なテーマが出ていたと思うんですけど、その中でも一番面白かったものはどんなものですか？「これ盛り上がったよね！」みたいな。

(服) 僕からの話題で言うと、仕事の結果をお客さんに喜んでもらったとか、お客さんに「ブランディングってやってよかったよ」って言っていただけた機会についてでしょうか。

そのような言葉をお客様から聞いた時、「みんなにシェアしたい。こんなこと言ってもらったんだよ！」と。普段のコミュニケーション中で、全体に向けて自分の感情を添えて言える機会って実はなかなか無いので、朝礼という場で、みんなで輪になって伝えられるっていうのは良い機会でした。

(鈴) 結果、自分の話題でメンバーが笑顔になるのは嬉しいですしね。

(服) 逆に、みんなからの批判があったりもします。「なんであの判断をしたんですか？」のような。「僕だったらこうします」みたいなことを言ってくる人も中にはいて、「この人はそういう視点で見るんだな」と、ちょっと新鮮に思うこともありました。

そして、みんなのパーソナリティが分かるっていうのはありました。この人はこういうことが好きで、こういうことが嫌なんだなとかが知れる機会は貴重だなと思いました。

(鈴) 朝礼をやって、やり続けてきて、デメリットに感じたことあります？

(服) オフィスに集まらなければいけないということでしょうか。今はリモートでミーティングできる環境が整備されてるので、解消されている部分もありますが。

当時は、お客様のところに行くにしても朝一回集まることになっていました。逆に、お客さんのところに自宅から直行しなきゃいけない人は不在になるので、仕方ないにしても、あまりいい目で見られません。

あとはやはり退屈になる、マンネリ化するということです。その時は、朝礼の内容をアップデートすれば良いんですけどね。アップデートできない雰囲気だとつらいですね。

(鈴) その他に、組織をまとめようとする中でやられたことはありますか？

(服) クレドをどんどんバージョンアップしていきました。

最初は完全に社内のツールだったんですが、ある時、お客様向けの年賀状に反映させようということになったんです。毎年すごくこだわって作っているんですけど、虎年の年賀状の時だったかな「セルディビジョンの虎の巻」みたいなものを作ったんです。

その中身がクレドを進化させたものになっていて。「僕たちはこういう想いでデザインをします」といったことを印刷したんです。

結果、「面白いね」「そういう姿勢でやってるんだね。良く分かった」っていうご感想をちょこちょこお客様からいただきました。「クレドって、外に発信して自分たちの想いを宣言するっていうのもいいじゃないか」ということで、お客様に渡せるようなカードを作ったり、本にしたりと、どんどんバージョンアップしていったんです。自社向けのツールだけど、社外に発信していけるものにもなっていったのは面白い現象だなと思いました。

（鈴） よく、社内表彰制度や、お互いに褒め合ってポイントを付与する制度などがあるかと思うんですけど、そういう「多岐にわたる施策」ではなくて、あくまで「クレドを中心」にして、形を変えたり、発信の範囲を広げたりというやり方をしていったということですね？

（服） はい。「社外への発信」で言うと、例えば名刺交換と同時に自分たちのクレドを渡すんです。今はカルチャーブックと言い換えています。渡したからには「それが何なのか」を説明することになるので、自分たちの思いを伝える機会が生まれます。最初は覚えたことを口にするだけでした。でも何度も説明しているうちに、どんどん腹落ちしてくるんです。説明し続けて腹落ちすると、やっぱり相手に伝わります。その瞬間に仕事をまたいただけるようになっていったんです。

（鈴） それはいい流れですね！ まさにインナーブランディングがアウターブランディングに、そして業績の向上につながった好事例ですね。

（服） そうですね。これは面白いなあと思いました。これまで生き残った施策の一つだと思います。

サンクスカードとか、サンクスポイントみたいな制度、結構多くの会社がやってらっしゃると思うんですけど、一時期僕らもやったんですよ。

せっかくクレドの項目があるし、カルチャーブックっていう素材もあるので、それをオンライン上でポイントを渡しあえばいいじゃない？　みたいなことをやった時期もあったんです。でも、全然ポイントの動きがなかったですね。僕らには全然ハマらなかったです。

(鈴) 全然??

(服) 全然でした（笑）。

(鈴) どうして「全然」だったんでしょう?

(服) 多分、ちゃんと会話したかったんでしょう。ポイントをやり取りして「ありがとう」が伝わるとか、賞賛が伝わるよりも、「ちゃんと目を見て言ってくれよ、その方がよっぽど嬉しいし、行動の力になる」っていう感覚の人が多いんじゃないかなと思います。

金銭的なインセンティブじゃない。心のインセンティブの方が大きい人たちなんだということなのでしょう。自分も含めてそうでした。

(鈴) さっきの話で興味深いところがあったんですが、クレドを名刺と共にお渡しをし、説明をして仕事になるというお話しでした。クレドを説明したことが仕事につながる理由、どんなことが考えられますか?

(服) これまでお話ししたような悩みを抱えている会社さんはたくさんあるんですよね。僕たちはそれを自分たちの力で、苦労しながら解決しようともがいてきました。成功したとはまだ思っていないですけど、でも、乗り越えたという経験があり、それが同じ悩みを抱えている会社さんから共感いただけているんだと思います。困っているお客様に自分たちの経験をそのまま伝えると、共感をいただけるんだと思います。

(鈴) それが、「お任せしたい」ということにつながっているということなんですね?

(服) はい。そういう瞬間は本当たくさんありましたね。

もちろん狙ってやっていたわけじゃないんです、始めたときは。営業につながるなんて思ってもいませんでしたし(笑)。

(鈴) その後社内に新たな「壁」が現れたとしたら、それはどのような「壁」

だったんでしょうか？

（服） クレドを作った初めのメンバーは、それを始めた理由、やってきた経緯を知っていますし、それがなかった時のセルディビジョンを知っているので、わざわざシェアしなくても良いのですが、新しく入ってくるメンバーはそれを知らないので、「どう伝えるか？」を考え続けるというのは、永遠に続く壁なのかなと思いましたね。

（鈴） 例えば、これまで新しく入った方にどんな事をどのように伝え、浸透をさせようとしたかについて教えてもらってもいいですか？

（服）「実際に作ってもらうこと」が多かったですね。クレドやカルチャーブックをアップデートしてもらうんです。デザインしてもらう中身も含めて。

例えば代表の岩谷に「前のクレドはこういう思いがあった（と聴いている）んですけど、それはどういう思いで考えられたんですか？」などとヒアリングをしてもらうところから。「では次作るときには何か加えたいことはありますか？何かを削除したいことがありますか？」ということを含めて、全部コーディネート、デザインしてもらって、クレドやカルチャーブックをアップデートしてもらいました。今のカルチャーブックは、もう10代目になりますね。

(鈴) それは凄い！　どんな進化をしているのですか?

(服) 大きさもそうですし、カード型だったりとか、パスポートっぽい体裁になったりとか。

(鈴) なかなか面白いですね、その取り組みは！　それは多くの会社の参考になるような気がします!!

どのように進化させるのか、それは新しく入った方に完全にお任せするわけですか?

(服) 基本的には彼らが主体となってやります。もちろんそこに、僕たちの意見も反映してもらえます。

(鈴) 「毎朝朝礼で唱和します」のようなやり方では成し得ないことですね。

(服) そうなんです。作って声に出すだけではなく、作ったものを深掘りし

ないといけません。声に出して読むだけでは次のステップにもいけないです
し。そして次のステップに行くときも、現状クレドがどう活きているのかと
いう観察が必要なんです。それはすごい大変ですけどね。作る本人達にとっ
てはものすごく大変なんです。自分の仕事をやりながらなので。

（鈴） 作る過程で、その言葉たちに対しては深く理解も共感もしていけます
よね。

深まっていくっていう部分があって、苦労して作ったものだから、それ
をお客様に「スゴい」と言われたらやっぱり嬉しいですよね。誇りに思える
でしょうね。

（服） はい。そう思いますね。

（鈴） 施策としてはとてもシンプルではあるものの、だからこそ響いている
んですね。

（服） そうですね。デザイナーという職種だからこそできる一つの作戦なの
かもしれないですが。デザイン業務のいい訓練にもなっていると思います。

(鈴) そういう活動を通し、意識や行動について皆さんにはどんな変化がありましたか?

(服) すごく劇的に変わるということは、あまりなかったかなと思っています。

本当に少しずつ少しずつ、変化に気づかないぐらいの変化が続いていくんです。

なんと言うんでしょう「漢方薬みたいなもの」と言う社員もいます。これをやっていなければ、もしかしたら「今の健康(会社の存続)」はなかったかもしれないんです。そして、クレドやカルチャーブックについて話し合う機会を設けていられるっていうこと自体が、良いことだなと僕は思っています。

あと、「立ち返る場所ができる」っていうのは、とてもありがたいです。

例えば、どうしても会社の業績には波があります。そういう時「さて自分たちのあり方ってなんなんだろうね」と考える時、立ち返る場所っていうのは必要だなと思います。

（鈴）素晴らしい。そういう取り組みを何年もやって来られて、当初は「この組織をまとめていくために」ということで始められた訳ですけど、今「まとまっている」という感覚はありますか？

（服）今、セルディビジョンはグループ3社に分かれていて、各会社単位ではすごくまとまりを持ってやれていると思うんですけど、現在課題としていることは、3社間の交流が少し希薄ということなんです。「横串」が必要な状況です。

（鈴）3社は、同じフロアに全部そろっているわけですよね？

それでもやっている仕事が違えば、交流もあるようでないということなんですか？

（服）そうですね。仕事が異なるだけで、なかなか交流らしい交流がないんです。挨拶はもちろんします。決して仲が悪い訳ではないんですけど、誰がどういうパーソナリティを持ってるとか、どういう思考を持って仕事してるとか、あちらの会社がどういう思いを持って進んでいるというのは、まだ計り知れないところがあるなという状況です。少しずつ施策を考えているところですね。

その施策の一つとして、前出の年賀状の作成をグループ全体の一大イベントとしてやっています。3社それぞれの新人を制作者として配置し、そこで交流を図ったり、年賀状を活用した企画の立案をしてもらったりと動いてもらっています。

例えば、年賀状そのものを巻き物にしたりだとか、短冊形にしたりだとか、おみくじ型にしたりだとか、いろんなことを毎年考えてもらっています。それをネタにして、例えば年賀状を受け取った方が、夏にはイベントに参加できるとか、僕たちの主催した運動会に参加してもらったりとか、お花見のバスツアーだったり屋形船での食事会に参加してもらったり。そういう企画を絡めることが増え、さらに交流の場が広がっています。

(鈴) なるほどありがとうございます。ここまでの話を伺っていると、やる意味の有無を問う声がありつつも、「いかにずっと楽しくやっていくか」ということを、一貫して考えてやられている気がします。

(服) はい。まさにその通りです。

(鈴) どうやったら自分たちが楽しめるか。お客様をも巻き込んで楽しめるかっていうことを考えられてる。

(服) そうですね、セルディビジョン内部の合言葉として「コミュニケーションワード」と言っている言葉があるんです。「もっとファンを、ずっとファンを」という言葉です。

これが、少しずつ少しずつみんなの中に浸透していっていると思っています。

(鈴) 「ファン」言葉としてわかりやすいですよね。弊社でもインナーブランディングの目的の一つを「自社の従業員を自社のファンにすること」と謳っているので、親近感が湧きます。

ちなみに、これまでお話しいただいた施策を含め、従業員の立場で最も苦労された点ってどんな点でしたか？

（服）「続けること」ですかね。続けることそのものが大変かな。アップデートすることはそこそこやるんです。やはりデザイナーなので、アップデートそれ自体が楽しいんです。でも、毎日毎日朝礼を楽しくやるのは大変です。続けること自体が一番大変かな。

（鈴）続けるための原動力は何ですか？

（服）無理をしない。続けられることをする。楽しむっていうことに尽きると思います。

　無理をした瞬間に続けられなくなってしまうので。

（鈴）「楽しむ」は大切ですね。そこは結構重要な継続かつ浸透のためのポイントですよね。

　話は変わりますが、服部さんにとって、企業理念って一体何なんでしょうか？

（服）「ロゴマークが国旗。企業理念は国歌。」と表現することがあります。

　そこにすごい思い入れを持つ人もいれば、単純にそういう図柄・絵柄っていうふうに思う人もいますし。じゃあそれをすごい普段意識しているかというと、別に意識してない。でも急に…例えばサッカーの日本代表の試合になったら、みんな俄然応援に熱が入ったり、国旗を振ったり。生活をする中で、食事をする時「国歌斉唱してから食べましょう」みたいなこと、ないですよね。でも、ふとした瞬間にすごい愛着が湧くし、力をもらうときもあるし。すごい不思議な存在だなと思っています。企業理念については、そういう感覚に近いかなと考えています。

（鈴） 面白いし深い。企業理念について、そういう表現を初めて聴きました。

最後の質問なのですが、組織作りに悩まれている中小企業の経営者の方々には、どのようなアドバイスをしておられますか？

（服） そうですね。理念を掲げ続ける中で、次第に共感してくれる人が集まって（入社して）きてくれました。離れていく（退職する）人ももちろんいますし、残ってくれる人もいます。企業理念って、「企業姿勢に共感し続けてくれる人」を選んでくれる存在でもあると思うんです。クレドやカルチャ

ーブックを通して。アドバイスできるとしたら、「気張らず気長に」という
ことでしょうか（笑）。

僕たちも現在進行形で浸透活動を続けています。浸透にはとても時間がかかるので、「気張らずやっていこう」という温度感がないと続けられないと思っています。

（鈴） ありがとうございます。「気張らず気長に」。とてもシンプルですが、進めていく上で最も大切な要素の一つですし、経営者の皆様に伝わるのではないでしょうか。

株式会社スープストックトーキョー

お話を伺った方

人材開発部部長　江澤身和さん

店舗数：Soup Stock Tokyo 51店舗、家で食べるスープストックトーキョー11店舗、YELLOW 1店舗、100本のスプーン 5店舗、二階のサンドイッチ 1店舗、Nood e 1店舗、お茶と酒 たすき3店舗（2023年4月末現在）
お話を伺った方：人材開発部部長　江澤身和さん

◉従業員の意識や行動の変革に取り組もうとしたキッカケを教えてください

◇人材開発部長になったタイミングは2015年10月です。親会社である株式会社スマイルズからの分社時に社長の松尾から、「より人に力を入れて大切にするブランドにするために、これまでたくさんの人を育成してきた江澤に、新設する人材開発部長になって欲しい。」と伝えられたのがキッカケです。当時は急な抜擢だったこともあり、社内でも不安の声もあがっていたと思います。

だからこそ、部長になったときは、多くの社員と話をして自分を知っても

case 04

■株式会社スープストックトーキョー
https://www.soup-stock-tokyo.com/
設立：2016年2月1日（株式会社スマイルズより分社）
売上：98億7,954万円（2022年度3月期）
従業員数：社員274名 アルバイト約1350名（2023年4月末現在）

らおうと考えましたし、逆に社員の話も聴きたいと思いました。

そして色々な社員と話をするなかで、危機感を抱いたんです。「社員のみんな、元気ないな」と。

「元気のなさ」は退職社員の多さにもあらわれていました。

分社の直前、新卒社員の半数以上が1年以内に辞めてしまった事があります。事業の立ち上げに実績があるスマイルズでの新規事業の仕事に憧れて入社したのに、新卒のタイミングで配属される仕事は主事業であるSoup Stock Tokyoの飲食店業務。スマイルズの事業の中心である店舗業務を理解する事は今後のキャリアの上でも最も重要なのでそのための配属だったのですが、社員のモチベーションとギャップがあったことが原因でした。

そこで、分社をきっかけに松尾と共に「スープストックトーキョーらしい採用方法」を模索しました。

その一つが「表現力採用」です。表現力採用は2017年卒の採用からスタートしました。エントリーいただいた皆さんに、歌を歌ったり、踊ったり、自分の好きなアーティストについて熱く語ったり、自分の好きをプレゼンしてもらいます。

スープストックトーキョーは事業としてスープを売っていますが、ただのスープ屋さんではなく、事業を通して「世の中の体温をあげる」という理念を実現するための企業だと思っています。

その社員は「一人ひとりが理念を最も表現できる表現者であるべき」という想いでつくられた手法です。

これは「どういう人と働きたいのか」という弊社からのメッセージでもあるので、これによってエントリーいただいた皆さんとのミスマッチも生まれなくなりました。

表現力採用ではプレゼン技術だけで評価はしません。「その人が好きなこと」を聴いていると、どういう熱量で語っているのかを感じることができます。私たちのような理念を大切にする企業では、熱量がある人かというのはとても大切なポイントです。その後その人自身が入社して楽しくやれるかどうかにも関わる事ですので、重視しています。

また「元気のなさ」の理由として、当時、人が足らない、休みがないなど飲食業ならではの課題もありました。

そこで、「Lパートナー」という、他のパートナー（Soup Stock Tokyoではアルバイトの方をそう呼びます）よりも多くの時間以上働ける方向けで、その分時給も高いポジションをつくり、任せる仕事の裁量も上げるなど工夫をしました。多くの時間働いていただけるフリーターの方々に魅力を感じていただける制度で、結果多くのエントリーをいただき、人不足解消はある程度改善しました。人がいれば、社員の休みも取れます。実際に休みの取得率も上がり、残業も減りました。

実はこれらの施策について、現場からいくつかの反発がありました。「そんなことで、人不足が解消できるのか?」「やっても無理なんじゃない?」と。ですが私は、「そうかもしれないけど、やらないと何にも変わらない!」と強烈に感じていたので継続しました。

苦しい思いもたくさんしましたが、曲げずに続けたことによる成果だと感じています。

人材開発部が生まれてからの3年、基本方針と違っていなければ、それに向かって何をやるのかは自由でよいと社長の松尾から言われていました。会社としてとても重要な取り組みではあるものの、信頼して任せてもらえたことに感謝をしています。

◉その他の取り組みにはどのようなものがありますか?

各施策は、人材開発部や営業部、時に社長の松尾も一緒に考えています。

「今ある課題を解決する」パターンと、「今無い実現したいシーンをつくる」パターンとがありますね。

後者の例としては「Soup Stock Tokyoグランプリ（以降SSTグランプリ）」があります。

SSTグランプリは、それぞれの店舗が実践している日々の取り組みの成果を発表する場です。始めた当初消極的な店舗もありましたが、意義を直接解いて回りました。

回数を重ねていくにつれて、この取り組みも文化の一つになり、今では、自ら積極的にステージに登壇して発表する人、他店舗の発表を聴く中で感激の涙を流す人もいます。

このような施策を通じて「体温のあがる」仕組みが次第にできてきました。

◉取り組みの結果として業績にどんな影響がありましたか？

◇因果関係を明確にするのはなかなか困難ですが、様々な取り組みをした結果「働いているスタッフの体温をあげられたか」ということの効果測定指標は、「お客様の数」と据えています。個々の取り組みを「なんとなく体温あがった？」という状態で済ませずに個々の取組みをやりきったことが良かったと思っています。その他、「採用費」「離職率」でも効果を測っています。

また、新卒採用については「採用媒体を使わない」という目標を立てました。

「人が人を呼ぶ会社にしたい」ということで、その目標を追い続けています。

2021年新卒採用については、採用媒体を一切使わず、オウンドメディアやSNSで目標を達成しました。

また、「どんなシーンを現実化したいか」をKGI（key goal indicator：目的を果たせたと判断するための指標）に設定し、「どんな店舗にしたいか」の像をつくっていきました。

そしてそこからKPI（key performance indicator：目標達成の指標）を設定しました。

その達成のために様々な具体的施策を実施。これらはすべて「経営戦略」と連携していて、KPI、KGIを達成すると、同時に経営戦略も成功しているような設計をしています。

◉江澤さんにとって「企業理念[※]」とはなんでしょう？「企業文化」とはなんでしょう？

◇企業理念…何を考える時も、自分の根っこになっているもの、です。

企業文化…人がつくっていくもの、です。文化は続いていくもの。そして働いている一人ひとりがつくっていくもの。その文化の根っこには企業理念があると考えています。働く人のモチベーションなどが文化になるとも言えますね。

「※」
同社の企業理念は「世の中の体温をあげる」です

◉理念浸透、文化醸成で悩まれている中小企業の経営者、経営企画や人事、広報担当者へのメッセージをお願いします。

◇理念浸透をするには、その理念自体を日々の中でも考える位に共感できているかが大事だと考えています。そして、会社として大事な決断や、日々の判断をする時にちゃんと、理念を言葉に出してその軸で判断する。立場に関係なく全員が行う事が浸透につながると思っています。理念があれば悩んだ時も自分たちの軸に立ち返る事が出来ますし、共通言語が出来る事で共有や浸透もしやすくなります。会社というチームを引っ張っていく上でもとても大事な事なので、是非参考にしてみていただきたいです。

まとめ　経営者の皆様へ

ここまで、インナーブランディングについて様々見てきました。

推進の必要性、進め方、事例など。

「これさえやればインナーブランディングが完遂できるのだ」という唯一無二の活動や手法はありません。色々な施策の結果として「これがインナーブランディングだったんだ」ということも実際には多いのです。その輪郭が分かりにくい部分も多い分野です。

しかし、インナーブランディングの実施がアウターブランディングの促進や効果の発揮に大きく寄与し、業績の向上につながっていくという構図は、間違いなく存在します。

今「（アウター）ブランディングを遂行している」という会社の経営者の方には、改めてこの構図が描かれた前提で（アウター）ブランディングが進められているかどうかを振り返ってみてください。

もし、外向けのアウターブランディングだけが進んでいるとしたら、社内にもしっかり目を向けてみてください。せっかくアウターブランディングを進めようとしていても、「従業員の目が死んでいる」「社長である自分の指示がなければ動かない」「社内コミュニケーションがオンラインツールに偏っていて、対面で言葉を交わす機会がなく、誰が何をやっているかもわからない」などの事象が起きているようなら、一度立ち止まってみてください。そして自らの想いだけで走るのではなく、従業員の声にもしっかり耳を傾けてみてください。

是非従業員とともに走る経営者であってください。「従業員に言っても伝わらない」ではなく、「伝わる言葉」を徹底的に考えてください。もしくはみんなで考えてみてください。

インナーブランディング成功のカギは、経営者の意志と継続力、やり切ることであることは述べました。

最後に私が伝えたいのは、経営者自身が元気であることです。元気は伝播します。湧き出るチカラや想いを大切にしてください。時間はかかると思いますが、それをしっかりと言葉にしてください。そして、繰り返しになりますが「なかなか伝わらない…」と思っても、伝え続けてください。伝わるように伝えきってください。

「精神論か？」と思われるかも知れません。しかし、これまで様々なマネジメント手法が考案されては発表され、取り組んでは上手くいかない会社も多いわけです。それは何故なのでしょうか？　それらの手法が浸透する土台ができていないことに起因するからだと、私は考えるのです。

経営者自身が元気で、やり切った結果として、インナーブランディングの最終目的である、「無形資産の価値向上による永続的な業績向上の基盤構築」が叶うと、私は強く信じています。

すべての人に輝きを。そして、すべての組織・会社に輝きを。

おわりに

執筆に関わってくださった皆様への御礼

この本の企画が成立したのが、2021年2月。

見た目ではわからない熱い情熱を秘めた、一人の編集者、高山芳英さんとの出会いがきっかけでした。

それから最初の原稿を書き上げるまで約2年。

一般的には3か月くらいで書き上げるものと出版の諸先輩方から耳にしていたので、あり得ない期間です。

その間、辛抱強く励ましてくださいました。高山さんの言葉は本当に心に沁みました。心折れそうになる私に、「この本は長く読んでもらえる一冊になります‼」と熱い言葉をかけてくださいました。

人を動かすのは人なんだと、改めて感じた高山さんとの時間でした。

この場をお借りし、心からの御礼を申し上げます。

インナーブランディングの分野はまだまだ認知度が低く、サービス提供会社もまだまだ多くはない状況です。しかし、間違いなく今後の企業経営における戦略の根幹をなすものです。私はそれを一人でも多くの中堅中小企業経営者の皆様に知っていただきたい。そして取り組んでいただきたい。そんな想いでインナーブランディング推進事業を日々遂行しています。そして、そんな私の想いに共感してくださるお客様や多くの仲間や友人達のおかげで、前に進んでいます。

その名前を挙げたらキリがありませんが、改めて感謝の意を込めて、多くの応援者の代表としてお名前を挙げさせてください。

Special Thanks（敬省略／順不同）

久能克也（ビジネス教育出版社高山さんを紹介してくださった恩人！　著書の売れ行きも好調！）

岡美智子（久能さんを紹介してくださった大切な友人！　エンジェル投資クラブを運営！）

坂本一郎（事例取材に協力してくださった大切な友人！　ゑびす屋本店社長！）

川西裕子（文中のパン屋さんのモデル「おーぶんらんど（大分）」のオーナー！　友人川西智子さんのお母様！）

江澤身和（事例取材に協力くださった大切な友人！　ちゃきちゃきの江戸っ子！）

平田なつ（事例取材に協力くださった大切な友人！　めちゃくちゃ明るいSST社若手エース！）

服部大吾（事例取材に協力くださった大切な友人！　波長の合う気持ちの良い男性！）

出路雅明（事例取材に協力くださった大切な恩人！　超絶カッコいい経営者！）

中井和人（事例取材に協力くださった大切な恩人！　ヒューマンフォーラム社の重要人物！）

樫村周磨（坂本さん、岡さんをつないでくださった大切な友人！　グローバル人事

塾代表）

大村和彦（出路さん中井さんをつないでくださった大切な友人！　人脈日本一！）

岡崎純子（「ファン」「推し」というキーワードで議論をしてくれ、出版応援コミュニティを発案、運営してくれた大切な友人！）

インナーブランディング研究協会ボードメンバー、アクティブチームメンバー、いつも勉強会に参加くださる皆様！

廣田拓也（株式会社ソフィア代表。インナーブランディングを教えてくださり、弊社事業を応援してくださる大切な恩人であり、元上司！）

他にも応援くださった多くの皆様に、心より超絶感謝申し上げます！

memo

memo

memo

memo

memo

memo

【著者】

鈴木 誠一郎 (Seiichiro Suzuki)

株式会社ブライトンパートナーズ　代表取締役
インナーブランディング研究協会　founder 兼 会長
営業部女子課　co-founder 兼 顧問

1968年生まれ／福岡県出身／私立西南学院高等学校卒／日本大学商学部会計学科卒。


東証一部上場(当時)会計システムベンダーや監査法人系コンサルティングファーム、国内大手コンサルティンググループファームなど、IT業界に約17年従事。プログラマ、SE、プロジェクトマネージャー、新規開拓営業、システムコンサルタント、コンサルティング事業部長と幅広く経験。その後ベンチャー企業取締役(財務経理・人事管掌)やインナーブランディングコンサルティングファーム、ジャスダック上場(当時)企業の人事部課長(採用・人材育成)を歴任。

「作る・売る・支える」という企業における主な分野の業務を経験。

5回の転職を通じた、非連続なキャリア形成に基づく多面的な視点と、共感力あふれるコミュニケーション力が強み。

2015年ブライトンパートナーズを創業。2020年法人化。

種々の事業を推進する中で、「企業が持つチカラは理念に宿る」という想いに火が点き、
中堅中小企業のインナーブランディング推進支援を生業として活動中。

2020年8月、インナーブランディングの国内普及を志し、インナーブランディング研究協会を発足(任意団体)。会長に就任。

保有資格:(一財)生涯学習開発財団 認定コーチ(プロコーチ歴22年)

インナーブランディングのすすめ
共感され選ばれる企業へ

2023年9月8日　初版第1刷発行

著　者　鈴木誠一郎
発行者　延對寺　哲
発行所　株式会社 ビジネス教育出版社
〒102-0074　東京都千代田区九段南4-7-13
TEL 03(3221)5361(代表)／FAX 03(3222)7878
E-mail ▶ info@bks.co.jp　URL ▶ https://www.bks.co.jp

印刷・製本／ダイヤモンド・グラフィック社
ブックカバーデザイン／飯田理湖　本文デザイン・DTP／ダイヤモンド・グラフィック社
落丁・乱丁はお取替えします。

ISBN978-4-8283-0914-9